鄰人

面對集體憎恨、社會癱瘓的公民抉擇

Neighbors: The Destruction of the
Jewish Community in Jedwabne, Poland

楊・格羅斯 Jan T. Gross ──著

張祝馨──譯

有關本書中的言論，不代表出版社的立場及見解。

本書的出版僅是為了提供讀者不同角度的歷史觀點。

讀者可以本書為基礎，並藉由多面向的歷史考據與解讀，

進一步找出歷史的完整樣貌，進而從中受益。

同胞們，我們無法迴避歷史。

——亞伯拉罕・林肯致國會的年度諮文

一八六二年十二月一日

波蘭——猶太 關鍵時刻

◆一九三九年八月二十三日

納粹德國和蘇聯於莫斯科簽訂《德蘇互不侵犯條約》，為德蘇擴張及瓜分波蘭的祕密協定。

◆一九三九年九月一日

納粹德國進攻波蘭，短暫占領耶德瓦布內，後讓渡給蘇聯統治。

◆一九三九年九月十七日

蘇聯進攻波蘭，占領包括耶德瓦布內超過一半的波蘭領土。

◆一九三九年十月六日

德蘇兩國占領波蘭全國領土，德蘇勢力就此劃定。波蘭第二共和國滅亡。

◆一九三九年～一九四九年

蘇聯將數十萬波蘭民眾驅逐、流放至蘇聯境內。直到一九四九年十年間，約三百二十萬波蘭人民遭驅逐出境。

◆一九四〇年六月

蘇聯查獲耶德瓦布內反蘇地下組織，並於二十二日正式交戰。

◆一九四一年六月二十二日

納粹德國入侵蘇聯，德蘇戰爭爆發，德軍正式占領波蘭。

◆一九四一年六月二十三日

德軍占領耶德瓦布內，結束一九三九年九月至一九四一年六月耶德瓦布內受蘇聯占領時期。

◆一九四一年七月五日

波蘭翁索什爆發猶太大屠殺。

◆一九四一年七月七日

波蘭拉茲沃夫爆發猶太大屠殺。

◆一九四一年七月十日

波蘭耶德瓦布內爆發猶太大屠殺。

◆一九四二年七月

納粹德國在波蘭約瑟夫烏展開猶太大屠殺。

◆一九四二年十一月二十六日

波蘭什切布熱辛爆發猶太大屠殺。

◆一九四四年

波蘭國家安全部（Urz d Bezpiecze stwa, UB）成立，一九五四年停止運作。

◆一九四五年一月

蘇聯紅軍掌握波蘭，波蘭脫離納粹德國占領。

◆一九四五年八月十一日

波蘭克拉科夫爆發猶太大屠殺。

◆一九四六年七月四日

波蘭凱爾采爆發猶太大屠殺。

◆一九四九年一月～五月

波蘭耶德瓦布內猶太大屠殺調查及審理期間。五月十六日沃姆扎地方法院公開審理拉莫托夫斯基等二十二名被告，並於翌日下達判決。

◆一九五三年

受指控為波蘭耶德瓦布內猶太大屠殺主犯之一的約瑟夫·索布塔受審，後獲判無罪。

◆一九六八年三月

波蘭共產黨成員發動反猶運動，即所謂的「三月事件」。至少超過一萬兩千名猶太人遭驅逐出境。

◆二〇〇〇年

波蘭國族記憶研究院（IPN）重啟耶德瓦布內猶太大屠殺調查，二〇〇四年調查結果約三百至四百名猶太人於屠殺中喪生。

◆二〇一八年

二月波蘭在右翼執政黨主導下，通過《國族記憶研究院法案》增修條文，又稱〈猶太大屠殺史實糾正法案〉。根據法案規定，聲稱「波蘭民族」或「波蘭共和國」應為納粹罪刑負責者，得處以罰款或三年以下徒刑。六月，波蘭政府迫於國際輿論譴責，將刑事責任改為民事責任。

德、蘇占領下的波蘭，一九三九至一九四一年。
圖中虛線方框區見左頁放大圖。

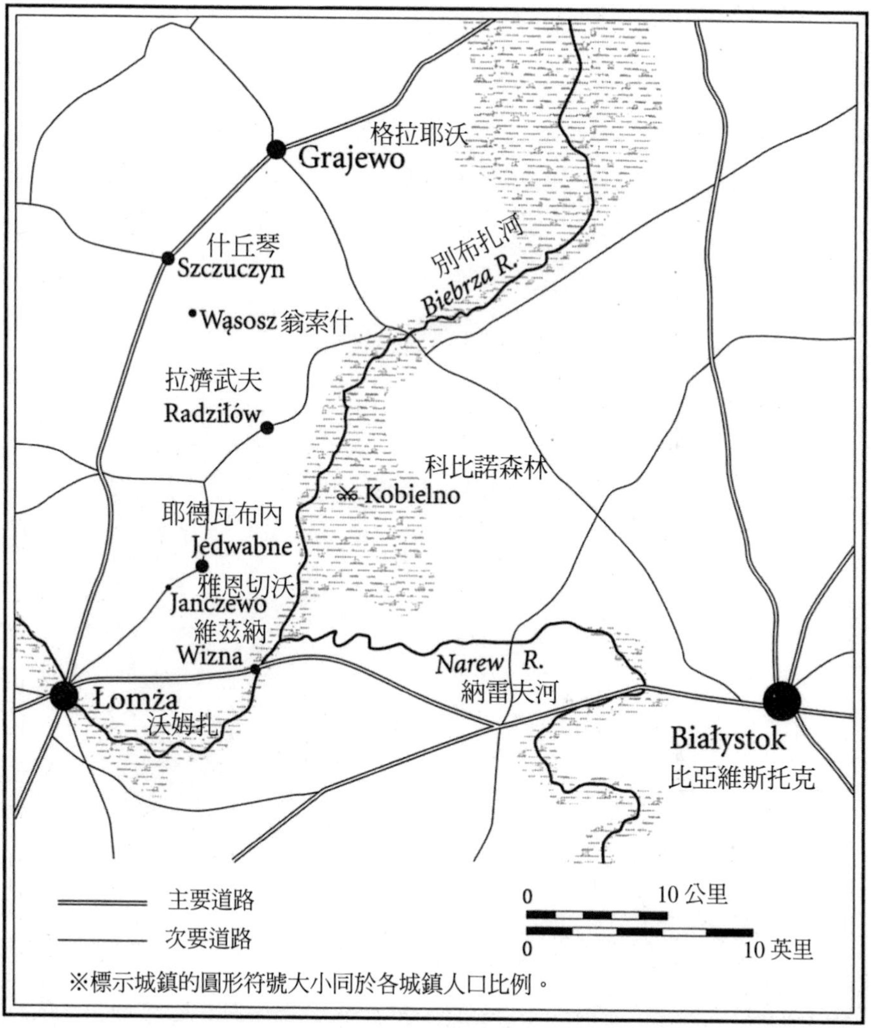

一九四一年七月波蘭多起連環猶太大屠殺的「百慕達三角」。

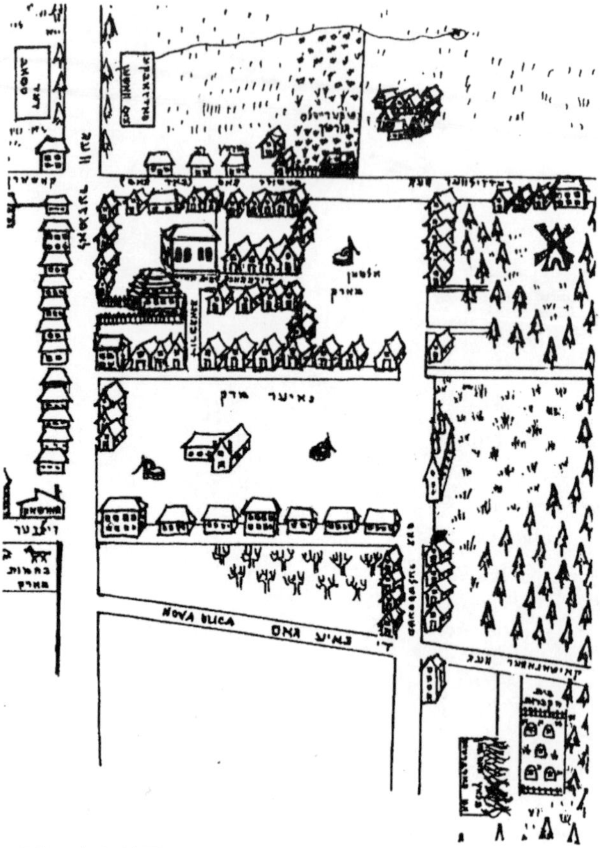

耶德瓦布內地圖

朱利亞斯・貝克（Julius Baker〔Yehuda Piekarz〕）繪

目次

一、事件篇

推薦序

面對集體瘋狂的歷史罪行，我們準備好了嗎？

伍碧雯

「二戰時，一座波蘭小鎮的居民曾屠殺猶太人」，你相信嗎？這個說法有沒有搞錯？屠殺猶太人的凶手，應該都是納粹、德國人吧！怎麼可能與波蘭人扯上關係?!二〇〇〇年，波蘭裔美國學者楊·格羅斯寫下其代表作《鄰人》，他並不是在顛覆、翻轉我們傳統上對於猶太大屠殺的認知——納粹政權是凶手與主謀者；而是揭露、掀開二十世紀猶太人劫難中，鮮為人知的黑暗面——原來劊子手不只外來入侵的德國人，還有當地數世代情誼的老友與鄰居；原來歐洲的仇猶心態蔓延得如此深層，社會的反猶實踐依舊強悍且蠻橫；原來近代啟蒙的理性與進步根本不存在，中古瘋狂的獵巫想法仍宰制一切……然而，結論就是：「惡」過於狂妄囂張，而「善」完全蒼白乏力嗎？不，沒那麼簡單，也沒有結論。格羅斯說：「我們永遠也不會『理解』大屠殺為何會發生。」

「理解」之所以如此困難，在於二戰結束後迄今，關於滅族與屠殺的史實都還在持續挖掘中，眾多真相仍晦暗不明，《鄰人》所陳述的正是滅猶史實中的一塊重要拼圖。這塊拼圖內容是：波蘭一座小鎮（耶德瓦布內）在納粹德軍進駐後極短時間內，鎮上的猶太居民遭割舌、砍頭、溺死、火燒活人等方式折磨至死。聽起來不像是二十世紀科技進步時代的事件，更像是發生於歐洲中世紀的酷刑慘案。時代沒有倒錯，就發生在一九四一年；而非一四九一年。在這個只住了兩千多人的小地方，猶太人占一半的人口，他們早於十八世紀就定居於此。雖然格羅斯在書中指稱一千六百名猶太人受害的數字，目前大幅修正為三百至四百人之間，但是「偏僻小鎮的猶太大屠殺」之令人震撼，不只在於死亡人數與規模大小，而是幾個我們必須深思的問題：

首先是撲殺猶太人的複雜動機。旋風式的屠猶過程是：德軍允許執行、波蘭居民動手，眾人旁觀鼓譟、無人抗議制止，最後眾人沉默不語，繼續安靜生活。耶德瓦布內的猶太人就這樣消失了！滅猶的動機何在？是民族主義的憤怒？討好德國人？覬覦猶太人的財產？還是反正大家都這樣做……甚至早就想這樣做了？抑或有更多、更深一層不為人知的原因？現在我們知道，東歐許多小地方也曾發生類似耶德瓦布內的凶殘事件。史實拼圖一塊塊出現，但是複雜的滅猶動機仍有待釐清。

其次是波蘭社會的反猶與滅猶。《鄰人》一書出版後，在波蘭國內引起極大的震撼與反彈。學界批判格羅斯的研究方法不嚴謹，質疑他採用的資料片面且狹隘，輕率提出過高的死亡人數。但是各種譴責聲浪與挑剔意見，都無法推翻「偏僻小鎮的猶太大屠殺」是確實存在的歷史。格羅斯揭開了波蘭社會與學界長期以來不知道、不願意面對或是選擇遺忘的禁忌史實。因此二戰結束後，「波蘭是納粹受害者」的傳統認知必須修正，波蘭社會反猶，而且執行滅猶，「我們不是純粹的受害者，我們也是加害者」成為波蘭民族必須面對的沉痛真相，而波蘭與猶太人的關係也必須重新檢視。

第三個值得正視的問題是：民間否認屠殺。二〇〇一年七月十日是耶德瓦布內屠殺猶太人的六十週年紀念，當時的波蘭總統克瓦斯涅夫斯基（Aleksander Kwa niewski）與天主教團體對滅猶事件公開道歉，表達悔恨，強調這是波蘭歷史的恥辱，並對此有集體的責任。但是小鎮居民拒絕參與悼念活動，並在窗戶貼上「對於沒有發生過的暴行，我們不求寬恕原諒。上帝幫助我們。」的抗議標語；鎮上神父則在悼念活動舉行時，故意讓教堂鐘聲持續不斷，干擾活動進行；鎮長因壓力過大，活動結束後移居美國。直到現在，波蘭社會有人肯定總統克瓦斯涅夫斯基替波蘭民族認錯道歉的勇氣；但也有人認為：為何波蘭人要為屠殺負責？是德國人下令且允許的，德國人才要負責，而且負擔全部的責任！至今在波蘭，這類言論仍是強而有力的論述。期待人民面對自身歷史中的難堪，仍是一條漫長顛簸之路。

格羅斯研究小鎮屠殺猶太人事件並寫作《鄰人》的目的，並不是為了降低或減少納粹主導滅猶的罪行承擔，而是擴充與加深我們對於歐洲反猶規模的認知。德國人是耶德瓦布內屠殺的允許者與縱容者，這絕對是不爭的事實；但是，波蘭居民是執行者、配合者、獲利者，也是無法掩蓋的醜惡真相。「偏僻小鎮的猶太大屠殺」之駭人與驚悚，超乎人類所有經驗之外；惡與恨的魔性狠勁，也大過我們所有人的想像。瘋狂的確存在，理解也的確困難。反省與正視人類集體瘋狂、集體合作、集體沉默所導致的罪行與惡臭，既沉重也沉痛，這需要勇氣，需要極大的勇氣，人類準備好了嗎？

（本文作者為國立臺北大學歷史學系副教授）

推薦序

一個人的死亡是悲劇，成千上萬人的死亡是統計值

周健

第二次世界大戰結束（一九四五年）至今已屆七十餘年，交戰雙方：同盟國與軸心國相關的檔案要在百年之後，即二〇四五年才能完全解密，當下一切的研究僅屬階段性的結論，屆時真相才能大白。歷史記載受文物出土和文獻開放的挑戰，隨時有面臨被改寫的可能。

終極答案可能永遠無法水落石出，因在歷史的長河之中，總是流失者多，被撈起者少。史學家所重建的歷史，與已進入時間深處純粹客觀的史實，必有出入，此即蓋棺而論不定現象的主因。

德蘇戰爭（Soviet-German War, 1941-1945）為人類歷史上規模最大、戰場

最廣、傷亡最重的戰爭——投入史達林格勒之役（Battle of Stalingrad）的蘇聯紅軍士兵，平均只能存活二十四個小時。而在大時代的滾滾戰禍悲劇中，升斗小民的生死，不過是微不足道的小插曲。

波蘭為亡國經驗最豐富的國家，曾經三度（一七七二、一七九三、一七九五）遭周圍的列強瓜分，波蘭人為求自保，不惜告密、出賣朋友，成為「波奸」。吾人對陌生人的死亡冷漠異常，只對熟人的往生才有所感。「視病如親」，談何容易？

猶太人受迫害三千年，流亡於世界各地，堪稱標準的世界公民（citizen of the world），惟其語文從未消失，加上內聚力極強的猶太教信仰，終能在二戰之後復國。

波蘭在近數百年以來，大量收容流離失所的猶太人，豈料遇上納粹黨，全歐最大的集中營就在波蘭，死亡人數亦為歐洲第一，此即「善有惡報」的奇特實例。德國總理梅克爾收容大量的穆斯林難民，卻使其聲望下跌。「德不孤，必有鄰」（《論語》里仁第四），並非放諸四海而皆準。

「非我族類，其心必異」（《左傳》成公四年），「我群」與「他群」平日和睦相處，但遇到有利可圖時，則猶如中邪（著魔，obsession），惡魔似的原始蠻性使彼等失去理性，竟然用殘酷和變態的手段，羞辱、凌虐，進而殘殺異己，即使神職人員也袖手旁觀，見死不救，成為典型的偽善者（whited sepulcher），令人懷疑上帝是否全知（omniscience）、全能（omnipotence）和無所不在（omnipresence）。

上帝遇到政治和戰爭靠邊站，也在大屠殺中銷聲匿跡，地球上不公不義的事情層出不窮，使教徒及非教徒心生疑竇，信仰動搖。太陽老公公每日目睹人間無盡的慘況，而哭紅著臉沒入地平線，周而復始，輪迴不已。

二戰之前與期間與軸心國合作的各國人士，戰後慘遭報復，不知又增添多少孤魂野鬼？「轉型正義」的工作永無止境。人們多忙於生活瑣事，為永續生存打拚，普遍罹患歷史失憶症，成為單面向的人（one-dimensional man），對陳年往事多已遺忘殆盡。有誰還記得二十世紀初期，土耳其人殺害一百餘萬亞美尼亞人（Armenians）？俄羅斯人殺戮三百餘萬烏克蘭人？

閃族（Semites，閃米語族）為挪亞（Noah）之子——閃（Shem）的子孫，研究其語言與文學的學問稱為閃學（Semitics）。閃族為高加索種（Caucasoid）地中海系的一大分支，泛指共同使用閃族語系的民族，主要包括巴比倫人（Babylonians）、亞述人（Assyrians）、腓尼基人（Phoenicians）、敘利亞人（Syrians）、亞拉米安人（Aramaeans）、迦南人（Canaanites）、默阿布人（Moabites）、埃博拉人（Eblaites）、阿拉伯人（Arabians）和猶太人（Jews）。但並非所有的猶太人皆是閃族，尚有黃種人及黑種人。

納粹主義（Nazism, Naziism）的核心為種族主義（racialism, racism），而反猶主義為其具體化的實踐。「Anti-Semitism」的原意為「反閃族主義」，應涵蓋所有的閃族，但已窄化為只針對猶太人，扭曲成「反猶主義」。「Anti-

Semitic」已和「Anti-Jewish」為同義字。

希特勒、德意志第三帝國、《我的奮鬥》、納粹黨、黨衛隊、集中營、大屠殺，皆成耳熟能詳的詞彙。德國人對猶太人的種族滅絕（genocide），乃漸進式的「溫水煮青蛙」。實際上，全球除中國以外，多不歡迎猶太人，美國只是挑選一些「有用」（如愛因斯坦等）的猶太人，准許彼等入境。希特勒可能有八分之一猶太人血統，只因是歷代加害者之中的「佼佼者」，令人印象深刻。

英國史上唯一的猶太裔首相迪斯雷利（Benjamin Disraeli, Earl of Beaconsfield, 1804-1881）曾言：「種族問題為歷史之鑰。」白種人先天自視甚高，日耳曼人中的盎格魯—薩克遜人最好戰，而「WASP」（White Anglo-Saxon Protestant），祖先是來自英國的基督新教教徒，今日成為美國享有特權的統治階級。

資優生「高處不勝寒」，因「不遭人忌是庸才」，「上帝的選民」（chosen

people）——猶太人，亦復如此。極端而邪惡的思想，不論對溫文儒雅或憤世嫉俗者，均有致命的吸引力，經過長期的自我催眠，猶如宗教狂熱分子（maniac），往往成為失去靈魂、搖旗吶喊的嘍囉。

猶太人在世人眼中的「罪行」有：謀殺耶穌（乃千古第一大罪，納粹黨並非無神論者，宣稱要替耶穌復仇）、發國難財、放高利貸、剝削農工、搞金權政治……可謂「罄竹難書」。卻無視於歷年諾貝爾獎的得主中，猶太人約占五分之一（和平獎除外），乃世界第一。今日的以色列，堪稱迷你型的超級大國，在許多領域都名列世界前矛。

《鄰人》是大時代遞演中微小的橫切面。戰爭使人變成禽獸，人性的光明面與陰暗面赤裸裸的流露，生命本身會找到出口，意即隨時尋找代罪羔羊（scapegoat），很不幸地，猶太人正好扮演此一角色。見微知著，亦有波蘭人勇敢藏匿和營救猶太人的感人事蹟。

閱讀黑色（或闇黑）報導文學作品，心情沉重，深切體驗「人性的邪惡無上限」。在所謂純潔的孩童眼中，也可見到陰邪的眼神。暴君和酷吏的童年，大概跟小老虎、小獅子、小鱷魚一樣可愛，豈料長大之後，變成魔鬼。

猶太人懷璧其罪，龐大的財富引人覬覦，帶來無窮的災難。上古時代的特洛伊戰爭（Trojan War）和中古時代的十字軍東侵（十字軍東征，法蘭克人入侵，Crusade），其動機皆為經濟因素，而後者係以宗教作幌子，行掠奪和屠殺之實。

「救一個人就是救了一個世界」（猶太教經典）。大屠殺的意義有兩個層面：既有大量的受害者，也有大量的加害者，使「Holocaust」成為令人畏懼的字眼。

執行「猶太人問題最終解決」（die Endlösung der Judenfrahe）方案的蓋世太保和黨衛隊，等因奉此，奉命行事，宣稱人在江湖，身不由己，符合漢娜．鄂蘭（Hannah Arendt, 1906-1975）著名的作品《艾希曼在耶路撒冷：一份關於平庸的惡的報告》（*Eichmann in Jerusalem: A Report on the Banality of*

Evil），對極權主義（totalitarianism）鞭辟入裡的分析。

新納粹（Neo-Nazis）如寄居蟹，借殼上市，新瓶裝舊酒，借屍還魂。極右和極左的政治思想，只要出現有利的社會條件，隨時會死灰復燃。世人多健忘，勿忘瘋子才會創造歷史。

（本文作者為中國文化大學史學系副教授）

推薦序

以民族和宗教之名的偏見與歧視

陳品諭

今年二月，波蘭在右翼執政黨「法律正義黨」主導下，通過了《國族記憶研究院法案》的增修條文，又稱〈猶太大屠殺史實糾正法案〉。根據法案規定，對於聲稱「波蘭民族」或「波蘭共和國」應為納粹罪行負責者，得處以罰款或三年以下徒刑。[1] 法案的支持者一致聲稱，本來就是納粹德國要為猶太大屠殺和集中營負責，波蘭身為納粹暴行的頭號受害者，理所當然要透過修法來矯正視聽、捍衛波蘭的清白。不過反對者卻質疑，過去二十年來的

1. 二〇一八年六月，波蘭政府迫於國際輿論譴責，將刑事責任改為民事責任。

歷史研究早已推翻了這種非黑即白的論述，畢竟納粹的猶太人滅絕計畫得以順利進行，各占領區及盟國也是直接或間接的幫凶。難道波蘭人的手上，真的從未沾上一滴無辜猶太受難者的鮮血嗎？

批評本次修法干預歷史研究和公眾討論自由的評論家，最常引用的正是讀者手中的這本《鄰人》。作者楊．格羅斯揭露了人口占波蘭耶德瓦布內半數的猶太居民，於一九四一年七月十日當天慘遭當地波蘭居民盡數屠戮的黑暗歷史。當本書波蘭文版於二〇〇〇年問世時，由於內容爆炸性十足，加上媒體大幅報導，引發國際社會密切關注，更促使社會各界展開激烈的自省與辯論。不僅國族記憶研究院介入調查耶德瓦布內大屠殺事件，波蘭總統更親自出席大屠殺六十週年的官方紀念儀式，並以波蘭總統兼共和國公民的身分公開致歉，請求猶太受難者在天之靈及其家屬的原諒。

本書翔實記述反猶屠殺期間令人髮指的暴行，並且強調傳統反猶情結及教會的袖手旁觀，都是讓鎮民對鄰人痛下毒手的因素。儘管根據口述歷史和回憶錄記載，二戰前鎮上的波蘭家庭和猶太家庭似乎相處得十分融洽，然而當地民眾和教士的政治立場，卻都是親反猶的右翼民族政黨。表面上雙方和諧共處，私底下卻是滿滿的歧視和偏見，不僅一語道盡了當地的波猶關係，更是許多優勢族群和弱勢族群互動的真實寫照。

果不其然，原本就暗潮洶湧的脆弱族群關係，在蘇聯占領後不久即面臨瓦解。各種關於猶太人與共產黨共謀顛覆波蘭的謠言四起，反猶暴動可說只是時間早晚的問題。然而，若非反猶情結早已根深蒂固，猶太人或許不會成為當地波蘭人宣洩怒氣的代罪羔羊，不實謠言也不會就此一發不可收拾。

不僅如此，當鄰鎮拉茲沃夫的猶太人發覺大禍臨頭，向當地波蘭教士求情，希望他能介入阻止悲劇發生時，神父卻以猶太人都是共產黨同路人為由，毫不留情一口回絕。近年來更有研究指出：耶德瓦布內一帶的天主教士早在二戰前已積極煽動反猶情結。例如當地主教通令各鄉鎮教會務必宣導教徒拒絕向猶太人購買商品；利用教會刊物和週日彌撒宣揚共產主義是猶太人的陰謀；甚至爭取波蘭學童和猶太學童分班上課等等[2]。在當地教士手中，宗教成為強化仇恨的工具，更鼓勵信眾將歧視化為行動，耶穌大愛的精神反倒被遺忘了。

因此，耶德瓦布內大屠殺並不只是一樁獵奇案件，而是一齣道德劇：在動盪不安的年代，既有的法治與倫理蕩然無存，因此幾乎不需多方煽動，偏見與歧視的毀滅性力量就得以釋放。

戰前的波蘭，在宗教和政治的影響下不斷深化反猶情結，等同在為即將到來的悲劇鋪路。波蘭一邊強調遭列強數度瓜分的受難者身分，作為國族敘事的核心理由，卻屢屢迴避討論波蘭歷史上的不光彩事蹟。正是這種選擇性失憶的態度，引發了格羅斯的尖銳質問：形塑一個民族的歷史，難道可以只挑正面的部分來談嗎？

民族自省的重要性不言而喻，然而讓一個小鎮及全鎮鎮民替波蘭國族背十字架，是否有失厚道？有學者指出，本書讓耶德瓦布內鎮民承受了媒體和政府極大的壓力，不僅傷害了當地互動密切的人際網絡，更破壞了代代相傳的口述傳統。原本坦然回憶屠殺當天記憶的鎮民開始修正自己的敘事內容，淡化鄰居和長輩涉入程度，以及強化納粹在事件過程中該負起的責任。[3]

儘管如此，本書仍不失為歷史最有力的一記警鐘，提醒我們以民族或宗教之名散播的偏見和歧視，竟能種下如此令人不忍卒睹的惡果。

（本文作者為《轉角國際》專欄作家）

2. 詳見Sara Bender, 'Not Only in Jedwabne: Accounts of the Annihilation of the Jewish Shtetlach in North-eastern Poland in the Summer of 1941'. *Holocaust Studies: A Journal of Culture and History* 19.1（2013）: 1-38.

3. 詳見Ewa Wolentarska-Ochman., 'Collective Remembrance in Jedwabne: Unsettled Memory of World War II in Postcommunist Poland.' *History and Memory* 18.1（2006）:152-178.

前言

Introduction

二十世紀的歐洲在兩個男人手中塑造成形。阿道夫・希特勒和約瑟夫・史達林為我們帶來了極權主義——就算不是他們發明的，也是由他們全面施行。

想清楚認識極權主義真正的毀滅性，光衡量已經發生的事遠遠不夠，我們還必須看見那些未發生的事，引用一位作家的說法便是：「未寫出的書的數目。」除此以外，還有未曾想到的想法、未感受過的感覺、未完成的作品、未能自然終結的生命[1]。

極權主義的政治方法與其政治目標一樣，會使社會徹底癱瘓，而這些政治方法中最引人注意的，便是對「憎恨」（resentment）的制度化。服從於希特勒或史達林統治的人們總是受煽動而敵視對方，彼此間的敵意就如獸性般瘋狂湧現。社會中任何細小裂痕最終都會迸裂成鴻溝，任何對立情緒都會不斷惡化加劇。曾有一度，城市與鄉村對立，工人與農民對立，中農與貧農對立，孩童與父母對立，青年與老人對立，不同種族間相互對立。祕密警察鼓動人們公開指責彼此，前者的隊伍靠著這些衝突不斷壯大——「分」而治之的意圖昭然若揭。此外，由於政府展開一連串社會動員，要求民眾遵循國家支援的制度和規範，人們逐漸在不同程度上與政府共謀，鎮壓了他們自己。

極權主義統治者還在他們所征服的疆土上實施了一種新的侵占模式。結果就如漢娜．鄂蘭所寫：「納粹最早的幫凶和助手，真的不知道他們自己做了什麼，也不知道他們在和什麼人打交道。」[2] 事實證明，歐洲的各種語言中沒有任何一個詞能準確地定義這種關係。「collaboration」（合作／通敵）一詞——令人不快地與敵人勾結合作之意，是在第二次世界大戰的

---

1. 引自保利娜．普萊斯（Paulina Preis）的著作《極權官僚主義》（*Biurokracja totalna*，Paris: Instytut Literacki, 1969）。想了解關於「掠奪政府」（spoiler state）的極權主義，可參見拙作 *Revolution from Abroad: The Soviet Conquest of Poland's Western Ukraine and Western Belorussia*（Princeton: Princeton University Press, 1988）終章。
2. Hannah Arendt, "Organized Guilt and Universal Responsibility," in *Essays in Understanding,* 1930-1954（New York: Harcourt, Brace and Co., 1994）, p. 126.

語境下才開始使用的。[3]鑒於武裝衝突、征服、戰爭、占領、鎮壓、領土擴張，以及伴隨這些行動而來的後果史不絕書，你可能會好奇，德軍在二戰期間的占領到底有何不尋常之處，竟能催生出一個新的概念？[4]要全面回答這個問題，必須從一系列德國占領的研究中尋找。戰後，幾乎所有歐洲人都表現出對與納粹進行任何形式接觸極度反感的態度（毫無疑問，這種反應是出於自利且往往欠缺嚴謹的思考）。「我們幾乎不可能準確計算遭到『戰後清算』（postwar retribution）的人數，但是，即便根據最保守的估計，也至少多達數百萬人，即先前在德國占領下人口的二%至三%」，匈牙利歷史學家伊斯特萬・戴阿克（István Deák）在一項研究中表示：「對有罪者的懲處五花八門，從戰爭最後幾個月裡的私刑，以至戰後的死刑判決、監禁或苦役，不一而足。此外還將『通敵』，定罪為『國恥』，並剝奪『通敵者』的公民權或對其施以罰金。另外還有一些行政手段，如驅逐、警察監控、剝奪前往某些地方旅行或居住的權利、撤職、剝奪退休金等。」[5]海達・科瓦莉[6]在其沉痛的布拉格回憶錄中這麼說：「在這場戰爭中，沒有人真正倖存。」[7]

第二次世界大戰的經歷在很大程度上形塑了所有歐洲社會在二十世紀後半葉的政治結構和命運，而波蘭受其影響尤為深刻。正是在一九三九年前波

---

3. 一九四〇年十月二十四日，法國臨時政府總統貝當（Henri Pétain）與希特勒在蒙圖瓦爾會面後公開了一份聲明，聲明中「collaboration」一詞首度出現。年邁的法國元首在廣播中向他的同胞呼籲：「合作是兩國關係的想像……我在原則上是同意的。」參考辭典編纂者們留下的作品可以發現，儘管這個詞的定義如此偏狹（局限於二戰時期德國占領波蘭事件），卻幾乎直接成為各種語言中此一詞彙的概念。《牛津英語辭典》在戰前的最後一個版本（1933）中，「collaboration」的詞條下並未出現如今我們所以為的意思，在此版本的定義是：「與其他人共同工作，尤其是文學或藝術等創作過程。」羅伯特（Paul Robert）在一九五三年編纂的辭典對「collaboration」（這個詞在法語中的含義通常也與藝術追求有關）的特殊含義做了如下說明：「德軍侵法時期（一九四〇～一九四四），法國曾希望與德國合作以振興法蘭西。」一九六四年編纂的義大利語辭典中，則將「collaboration」的第四個含義定為與占領軍當局勾結合作，尤指二戰時期與德軍間的協作。一九七〇年版的《布羅克豪斯百科全書》（*Brockhaus Encyclopedia*）對這個詞的定義也主要指涉法國貝當政府在戰時的做法；儘管這套百科全書的印刷量很少，但它也告訴讀者這個詞可在更廣泛的語境下使用。
4. 見拙作“Themes for a Social History of War Experience and Collaboration,”in *The Politics of Retribution in Europe: World War II and Its Aftermath*, ed. Istvan Deák, Jan T. Gross, and Tony Judt (Princeton: Princeton University Press, 2000), pp.23-32.
5. Istvan Deák, “Introduction,” in Deák, Gross, and Judt, *The Politics of Retribution in Europe*, p. 4.

蘭領土的問題上，希特勒和史達林首次結成同盟（德蘇於一九三九年八月簽署的互不侵犯條約包含了一條瓜分波蘭的祕密協定），一場惡戰隨即在兩者間逐漸展開，直至其中一方徹底覆滅才得以告終。波蘭因此遭遇了一場史無前例的浩劫：近二〇％的波蘭人口死於戰爭及相關事件。這個國家失去了其少數族群——猶太人死於大屠殺，烏克蘭人和德國人因戰後國界變動或人口遷移而離開；所有領域的波蘭菁英急遽減少；戰爭接近尾聲時，超過三分之一的城市居民失蹤；五五％的律師、四〇％的醫生，以及三分之一的大學教授和羅馬天主教神職人員死亡。[8]

一位富同情心的英國歷史學家[9]曾將波蘭稱為「上帝的遊樂園」，但在二戰期間，「惡魔的屠宰場」之名或許更合適。

我將要講述的這個故事內容之厚重，在我看來與這本小書的篇幅完全不成比例：一九四一年七月，東歐一個小鎮裡一半的居民謀殺了另一半居民——不論男女老幼共計一千六百人。在這個故事之後，我將會在許多不同主題的語境下詳細描述耶德瓦布內（Jedwabne）的殺人犯們，這些討論都將圍繞一個主軸進行：二戰期間的波蘭—猶太關係[10]。

首先，亦即最重要的是，我將這本書視為一場對主流二戰史的挑戰。我假定存在著兩種截然不同的戰時歷史——一種歷史屬於猶太人，另一種歷史

---

6. 譯注：Heda Margolius Kovály，一九一九～二〇一〇，捷克作家、譯者，生於布拉格。一九四四年與父母一同遭納粹逮捕，關押進奧茲維辛集中營，父母被送入毒氣室後，她轉送往他處做苦工。著有回憶錄《在一顆殘酷的星星下：1941-1968年在布拉格的生活》（*Under A Cruel Star: A Life in Prague 1941-1968*）等。
7. Heda Margolius Kovály, Under a Cruel Star: A Life in Prague, 1941-1968 (NewYork: Holmes and Meier, 1997), p. 45.
8. 想了解相關主題討論可參見拙作 *Polish Society under German Occupation—Generalgouvernement, 1939-1944*（Princeton: PrincetonUniversity Press, 1979）。
9. Norman Davies, *God's Playground: A History of Poland*（New York: Columbia University Press, 1982）.
10. 在此前的一部研究著作中，我已質疑過波蘭史學對這個主題的普遍刻板印象，參見 *Upiorna dekada. Trzy eseje o stereotypach na temat żydów, Polaków, Niemców, i komunistów*（Cracow: Universitas, 1998）。本書有英譯刪節版：A Tangled Web: Confronting Stereotypes concerning the Relations between Poles, Germans, Jews, and Communists, in Deák, Gross, and Judt, *The Politics of Retribution in Europe*, pp. 74-129。因此接下來我將扼要地提幾個面向引導讀者理解，並對傳統觀點引發的疑問做出回應。

則屬於屈服於納粹統治的歐洲國家的所有人民。考慮到波蘭猶太人的數量之多及其所涉及社會領域之廣，戰時的波蘭歷史顯得格外不可靠。

二戰前夕，波蘭擁有世界上第二多的猶太人口，僅次於美國。戰前，約一〇%的波蘭人民自我認同為猶太人——無論是因為信仰猶太教，還是母語為意第緒語。近三分之一的波蘭城市居民是猶太人。然而，歷史學家們竟然認為波蘭猶太人所經歷的大屠殺只是一起特殊而獨立的事件，並未對波蘭社會造成直接影響。人們也仍普遍認為，在波蘭社會裡，只有一些「社會邊緣人」與猶太人有密切關係，例如那些專門敲詐猶太人的「敲詐者」（szmalcownik）[11]或「人渣」（scum），或是向猶太人伸出援手的英雄。

我們不用在這裡詳細討論為什麼前述觀點站不住腳，甚至沒必要浪費口舌來談這件事。畢竟波蘭三分之一的城市人口被抹殺的災難，是波蘭現代歷史中極其重要的一頁，這點已然毋庸置疑。無論如何，我們根本不需要掌握任何高深的方法論或知識就能立刻明白，當一個小鎮上一半的波蘭居民謀殺了另一半猶太居民時，毫無疑問就已推翻了「兩個民族的歷史鮮有交疊之處」的觀點。

本書讀者必須牢記的第二個要點是：主流分析認為，維繫戰時波蘭—猶太關係的是一些外力，即納粹和蘇聯。這個觀點就其本身而言當然沒錯。納粹和蘇聯的確曾在戰時各自占領的波蘭領土上發號施令。但是我們不應否認在占領者的嚴加控管下，波蘭人和猶太人的關係中也存在著自治動力（autonomous dynamics）。在那段時間裡，有很多事是人們原本就能做到的，也有很多事是可以事先規避的，有更多事是根本不必參與卻成了其中的一分子。由此，我會將一九四一年七月十日的耶德瓦布內所發生的事——誰

11. Szmalcownik是波蘭文中非常明確的咒罵之詞，專門用來指稱在二戰期間的德占波蘭區，以勒索猶太人為職業的人物。猶太人想藉此逃過亞利安人的檢查——而這種行為倘若遭到揭發，就會被德國當局權威處死。Szmalcownik一詞本身來自szmalec，字面意思是豬油，但在口語中也用作「現金、戰利品」之意。

聽從誰的命令且做了什麼，都細細道來。

眾所周知，希特勒和史達林在一九三九年八月簽署了《德蘇互不侵犯條約》，其中的祕密條款劃定了兩位獨裁者在中歐的勢力範圍。一個月後，波蘭的領土就被第三帝國和蘇聯瓜分了。耶德瓦布內最初被劃在蘇聯的占領區，直到希特勒進攻蘇聯後又被納粹「接管」。蘇聯紅軍自一九三九年九月起占領了半個波蘭，此後蘇聯在這塊土地上展開為期二十一個月的統治。我認為，主流史學對此期間蘇維埃—猶太關係的觀點和分析至關重要，值得我們反思和質疑。不過，這本書並不是為了討論這個問題。[12]我們只需記得，根據社會上主流的刻板印象，當年猶太人「似乎」和蘇維埃占領者的關係特別親密。曾有傳聞稱猶太人不惜犧牲波蘭人與蘇聯勾結，因而在納粹進攻蘇聯期間，一些從布爾什維克統治中獲得解放的波蘭土地上，可能曾經爆發極為可怕的反猶情緒，彷彿在回應納粹大舉的進攻。因此，我試圖探明發生在蘇聯占領時期（一九三九年九月～一九四一年六月）耶德瓦布內小鎮的歷史，與其後發生的一切是否有所關聯。

耶德瓦布內大屠殺還涉及史學上關於此時期的另一個傳統觀念——猶太人和共產主義之間存在著一種互惠互利的關係。因此，這起事件也進一步觸及了以下兩個議題：戰後波蘭社會（或者說整個東歐社會）的廣大階層內湧現的反猶情緒，以及猶太人在東歐史達林主義的構建與鞏固中所扮演的特殊角色。我在後文談及資料來源時，會先開啟簡單的討論，並在本書的最後幾章回顧相關問題。

在猶太大屠殺研究的廣泛背景下，本書不應該被簡單地置於一個功能主義—蓄意主義的層面。本書偏離這種理論模式，該模式在近年的大屠殺歷史學研究領域中被模糊化了，被歸到另一種專門抨擊「犯罪者—受害人—旁觀者」一座標的研究範疇，「直到最近才得到學界一定的關注」。[13]但這本書證明

12. 我在*Upiorna dekada*一書中批判、分析此問題的普遍立場和觀點。

了，這些範疇的界線都曖昧不明；它也同時提醒我們，大屠殺過程中的每個片段都有其獨特的情境動力（situational dynamics）。這一點很重要，因為它意味著在任何一個片段情節中，其場景中的不同演員都會做出特定且獨立的判斷，而他們對劇情的走向和結果造成決定性的影響——我認為，還有更多深入的研究能證明耶德瓦布內小鎮的悲劇並不是個案。我們至少可以設想，如果「演員們」當時做出了不一樣的抉擇，更多的歐洲猶太人就有可能在戰爭中倖存。

然而，本書卻是一本很典型的關於大屠殺的著作。因為不像其他的歷史研究，關於大屠殺，我的結論是開放的。換言之，讀者在讀完本書後，恐怕不會得到知識的滿足感；我寫完書時，也同樣沒有這種感覺。寫到最後一頁的時候，我甚至無法對自己說出「嗯，我現在理解了」這樣的話，我想我的讀者也不會。

當然，在寫書的過程中必須做出闡述和分析，就好像有可能理解一樣，還要在書中囊括一些概論性、解釋性的史料內容。但我認為，我們還須在故事的結尾提出疑問——這樣如何？那樣如何？這是深入題材本質的基本方法。同樣地，我們在直觀大屠殺時，能緩解不安和痛苦的唯一方法，就是不斷提出彷彿永無窮盡的質問，如此一來，我們才能繼續尋求答案。因此，大屠殺實則是人類從中吸取教訓的起點，絕非終點。我們永遠也不會「理解」大屠殺為何發生，但我們必須明白，它的前因後果牽動著歷史。在這個意義上，大屠殺已然成為一起揭示當代情感的功能性事件，也將永遠是反映人之境況的重要議題。

---

13. 在此指的研究是奧地利政治學家希爾伯格（Raul Hilberg）的 *Perpetrators, Victims, Bystanders: The Jewish Catastrophe, 1933-1945*（New York: Aaron Asher Books, 1992）。當然，長久以來的大屠殺研究都明確呈現其中的區別。然而，希爾伯格用心良苦地讓我們注意到大屠殺發生的情境（situational context）。引號裡的話引自以色列歷史學教授巴托夫（Omer Bartov）最近編纂的「重寫歷史」書系導言：*The Holocaust: Origins, Implementation, Aftermath*（London: Routledge, 2000），p. 8。

事件梗概

Outline of the Story

一九四九年一月八日，在耶德瓦布內一個距離沃姆扎（Łomża，位於波蘭歷史悠久的省分馬索維亞〔Mazowsze〕）約十九公里的小鎮，警察扣押了十五名男子。我們在一份檔案中找到了男人們的名字，這份文件有個不祥的標題：清算報告。它和許多名為「控制—調查」檔案存放在一起，由警察保管，以便監控疑犯的調查進度。[1]被扣押的人當中，多數是農人和臨時工，還有兩名製鞋匠、一名水泥師傅、一名木匠、兩名鎖匠、一名郵差和一名前市政府接待員。他們之中一些人有家室（一個是六個孩子的父親，另一人有四個孩子），一些人單身。最年輕的二十七歲，最年長的六十四歲。簡單來說，他們是一群再普通不過的男人。[2]

那時，耶德瓦布內的鎮民總共才兩千人左右，警察在短時間內拘捕了這麼多鎮民，全鎮都震驚不已。[3]四個月後，即五月十六日和十七日，貝萊斯瓦夫·拉莫托夫斯基（Bolesław Ramotowski）和其他二十一名共同被告在沃姆扎的地方法院受審，直到這時，人們才對整起案件有了進一步的認識。起訴書的第一句話是這麼寫的：「波蘭猶太歷史研究院（Jewish Historical Institute）向司法部寄送的資料中描述了耶德瓦布內鎮民的犯罪行為，即參與謀殺猶太居民。該資料中的證詞由施姆爾·瓦瑟什塔因（Szmul Waserstajn）陳述，陳述人目擊了屠殺猶太人的行動。」[4]

猶太歷史研究院並沒有紀錄可供我們得知瓦瑟什塔因的證詞是如何以

---

1. 這份日期為一九四九年一月二十四日的報告，目前與其他「控制—調查」檔案一起存放在位於比亞維斯托克（Białystok）的國家安全部（Wydział Ewidencji i Archiwum Delegatury Urz du Ochrony Państwa，後稱UOP）檔案室內的沃姆扎公共安全辦公室（Urzad Bezpieczeństwa Publicznego w Łomży）中。我們可從中得知，除了在耶德瓦布內被捕的十五人，「還有七人未獲拘捕，因為無法得知其藏身處」。
2. 引自一部先驅研究著作：Christopher Browning, *Ordinary Men: Reserve Battalion 101 and the Final Solution in Poland*（New York: Harper and Collins, 1992）。
3. 從一份刊物*Głos Jedwabnego*於一九八六年發行的六月號得知，一九四九年該鎮與卡耶塔諾沃（Kajetanowo）、考薩基（Kossaki）、比茨基（Biczki）三鎮郊區的總居民數共兩千一百五十人。
4. 我在本書引用了兩起庭審案件的檔案，這些檔案都由危害波蘭國家犯罪行為調查主委會（Główna Komisja Badania Zbrodni Przeciwko Narodowi Polskiemu，後稱MC）的檔案室保管。該機構在二〇〇〇年併入新成立的國族記憶研究院（Instytut Pami ci Narodowej）。貝萊斯瓦夫·拉莫托夫斯基案的資料被歸檔於編號為SOŁ 123的目錄下；約瑟夫·索布塔案（一九五三及何時被遞交至檢察機關；同樣地，根據庭審檔案我們也無法得知全部細節，例如法院何時知道耶德瓦布內小鎮所發生的事件？為何這項指控來得這麼晚？沃姆扎國家安全部的「控制—調查」檔案雖提供了一些線索，但並不具說服力。[5] 無論如何，一九四五年四月五日，瓦瑟什塔因向猶太歷史委員會（Jewish Historical Commission）提供了他的證詞。他的原始陳述如下：

> 第二次世界大戰爆發以前，有一千六百名猶太人居住在耶德瓦布內小鎮，但戰後只有七人倖存，他們都是由一名住在附近的波蘭婦女維日考夫斯基（Wyrzykowski）所營救。
>
> 一九四一年六月二十三日夜晚，德國人進駐小鎮。二十五日，一群波蘭居民展開了反猶屠殺。其中兩名暴徒，瓦奇克・波洛夫斯基（Wacek Borowski）（也有可能叫波羅夫維克〔Borowiuk〕）和他的兄弟米特

克（Mietek）在猶太人的住家鄰近徘徊，其他暴徒則拉著手風琴、吹起笛

年審理，也與耶德瓦布內猶太大屠殺相關）的資料被歸檔於編號為SWB 145的目錄下。這些檔案是一頁接一頁的工作表格（不同於內頁圖的連續內容），都是各自人工編號。此處引用的句子來自MC, SOŁ 123, p.3（在之後的注釋中，我會用123/3表示同一資料來源）。我要向安傑伊．帕茨考夫斯基（Andrzej Paczkowski）教授致謝，在MC併入國族記憶研究院前整理打包之際，是他讓我有機會進入檔案室。我還要感謝他和他在華沙波蘭科學院政治學院（ISP PAN）的當代（Najnowszej）波蘭歷史實驗室的工作夥伴，感謝他們讓我有機會簡報和討論我在研究中的初期發現。

5. 在一份名為「關於案件調查始末的報告」（Meldunek o wszcz ciu rozpracowania sprawy）中，我們發現了以下資訊，在「開啟調查的歷史」（historia wszcz cia rozpracowania）一行紅字之下：「猶太婦女卡爾卡．米格達夫（Calka Migdał）寄了一封信給司法部，這名婦女是耶德瓦布內大屠殺的倖存者，她親眼目睹一九四一年耶德瓦布內大屠殺現場。」但她的信並沒有被收在前述檔案中，我們不知道信究竟是何時被寄往司法部。檔案中還有一份資料，日期為一九四七年十二月三十日，提醒國家安全部注意戰時耶德瓦布內小鎮的犯罪行為。該資料題為「報告」，其內容如下：「我在此報告德占時期沃姆扎郡耶德瓦布內小鎮居民、鎮長馬里安．卡羅拉克的現況。他的外貌：體格魁梧，圓臉，曾是深色頭髮已幾乎灰白，約六呎高，面部乾淨，無明顯疤痕。他為德方工作時期曾遭德國當局拘捕，據了解是由於他侵占猶太人的財產，而且沒有平均分給德軍。他獲釋後不久又遭德軍逮捕，之後就失去音訊。最近，即一九四九年十二月一日，我在華沙的格羅喬斯卡（Grochowska）區親眼見到馬里安．卡羅拉克走在街上。他一看到我隨即消失蹤影。我想立刻向警察或其他機關報告他的行蹤，但當時街上沒有相關人士……」（UOP）在接下來的幾年裡，國家安全部都沒能找到並逮捕馬里安．卡羅拉克。

子，以此掩蓋猶太婦女和孩子們的尖叫聲。我親眼看見這些劊子手殺害了夏基亞・瓦瑟什塔因（Chajcia Wasersztajn）、七十三歲的雅各・凱克（Jakub Kac）和埃利阿斯・克拉維琪（Eliasz Krawiecki）。

他們用磚塊砸死凱克，用小刀剜出克拉維琪的雙眼、割掉了他的舌頭。克拉維琪在極度痛苦中掙扎了十二個小時才死去。

在同一天裡，我還目睹了另一個可怕的場景。二十八歲的夏雅・庫布日斯卡（Chaja Kubrzańska）和二十六歲的巴西亞・比恩什塔因（Baśia Binsztajn）都抱著剛出生的孩子，她們看到克拉維琪的遭遇之後，立刻奔向池塘，想帶著孩子一起投河自盡，以免落入那群暴徒手裡。她們將孩子壓入水中，親手溺死了他們。接著，比恩什塔因跳入池中，隨即沉入池底；庫布日斯卡則在水中掙扎了數個小時。逐漸聚攏在池邊圍觀的暴徒們冷冷地目睹著她的慘狀。他們還建議她把臉朝下埋入水中，就能死得快一點。最後，庫布日斯卡確認孩子死亡後，更用力地將臉和身軀沉入水中，直至死去。

第二天，鎮上的神父介入了。神父勸告暴徒應立刻停止屠殺猶太人，因為德國人會自己處理這些事。神父的話奏效了，屠殺停止了。不過從這天起，鎮上的波蘭人不再賣食物等日用品給猶太人，導致猶太人的處境依舊極其艱難。與此同時，鎮上謠言四起，謠言指稱德國人將下達命令剷除所有的猶太人。

德國人在一九四一年七月十日下達這項命令。

雖說是德國人下的命令，但執行任務的是波蘭人，而且他們使用了最凶殘至極的招數：他們在徹底折磨和羞辱猶太人之後，將所有的猶太人燒死在一間穀倉中。在第一次的屠殺和後續的血洗期間，以下這些波蘭人的行徑最為殘暴：施萊茨斯基（Szleziński）、卡羅拉克（Karolak）、米特克・波洛夫斯基、瓦奇克・波洛夫斯基、耶瑪沃夫斯基（Jermałowski）、拉姆托夫斯基・博萊克（Ramutowski Bolek）、羅加爾斯基・博萊克（Rogalski Bolek）、施拉瓦・斯坦尼斯瓦夫（Szelawa Stanisław）、施拉瓦・弗朗齊歇克（Szelawa Franciszek）、科茲沃夫斯基．甘尼克（Kozłowski Geniek）、恰斯卡（Trzaska）、塔爾諾齊克．耶日克（Tarnoczek Jerzyk）、勞丹斯基．尤雷克（Laudański Jurek）、拉茨齊．切斯瓦夫（Laciecz Czesław）。

一九四一年七月十日早晨，八名蓋世太保來到耶德瓦布內與鎮政府代表開會。蓋世太保問在場眾人打算怎麼處理猶太人的問題時，眾人異口同聲回答：「所有的猶太人都必須死。」

當蓋世太保提出，每個行業可以留一家猶太人活口時，鎮上的木匠布羅尼斯沃夫．斯萊辛斯基（Bronisław Śleszyński）回答：「波蘭工匠夠多了，我們一定要剷除所有猶太人，一個活口都不留。」鎮長卡羅拉克和在場所有人都對他這番話表達贊同。為此，斯萊辛斯基還「貢獻」了他在不遠處的穀倉。會議結束後，血洗就開始了。

鎮上的波蘭人拿著斧頭和插著釘子的棍棒以及其他用於折磨和摧毀的武器，將所有猶太人趕到街上。他們從中挑選了七十五名最年輕健康的猶太人作為第一批受害者，命令這些猶太人搬運一尊巨大的列寧像——那是蘇聯占領時建於鎮中心的石製碑座。可是石碑太重，幾個大男人根本連抬都抬不起來，但在波蘭人不斷拳打腳踢、出言脅迫下，猶太人只能緩慢痛苦地搬運著。在搬石碑的過程中，猶太人還被要求唱歌，直到他們將石碑搬到指定的地方。在那裡，他們被命令挖一個大坑，將石碑扔進去。波蘭人也在同一個地點殺死了猶太人，並把他們丟入同一個坑裡。

這些劊子手的另一項暴行是命令每個猶太人都挖一個坑，埋葬剛死去的猶太人，接著挖坑的人又被殺死、被埋入另一個坑裡，如此往復。我們幾乎無法一一列舉這些波蘭人的殘暴行徑，我也很難在歷史上找出能與其相提並論的暴行。

猶太老人的鬍子遭焚燒，猶太孩童慘死在母親的懷中……他們受到各種酷刑凌辱，還被逼著唱歌跳舞。最後，暴徒們開始了最主要的行動——焚燒。小鎮被重重守衛，以確保沒人能逃脫。接著，猶太人被命令排成縱隊，四人一行；一名九十歲的拉比和一名屠宰師[6]站在最前排，被強迫高舉一面紅色布條。所有人被趕入穀倉，而且必須繼續唱歌。一路上，暴徒們像野獸般發狂毆打猶太人。穀倉大門附近站著幾個暴徒，演奏著各種樂器，為了讓樂聲掩蓋受害者的慘叫聲。一些猶太人極力自衛，但他們早已失去防禦能力。他們滿身鮮血、遍體鱗傷，被推入了穀倉。接著暴徒朝穀倉潑灑煤油並點燃，接著轉往搜查猶太人的家，尋找留在家中的病人或孩童。他們將病人押往穀倉，並捆起孩子的腳，背在背上，接著用乾草叉叉起被捆在一起的孩子，放在灼熱的炭火上燒烤。穀倉大火過後，凶手們用斧頭劈開殘缺的屍體尋找金牙等值錢物品，極盡所能地破壞這些「神聖殉道者」的肉身。[7]

對於瓦瑟什塔因證詞的讀者而言，事實已經顯而易見：耶德瓦布內的猶太人因波蘭人的暴行而遭趕盡殺絕。然而在當時，並不容易釐清其證詞所代表的意義。因此我並不意外，從他呈上證詞到開庭審理案件，當中間隔長達四年的時間。我自己在猶太歷史研究院發現他這份陳述到完全相信和理解其中的真實性，基本上也耗費了四年之久。一九九八年秋天，我受邀為一位專攻波蘭比亞韋斯托克地區（Białystok）戰時歷史的知名歷史學家——托馬茲·斯得澤姆鮑茲（Tomasz Strzembosz）教授的紀念論文集撰文，我決定用耶德瓦布內的例子來描述波蘭鎮民對其猶太鄰人的虐待。彼時我還沒注意到，

6. 譯注：即猶太教精神導師或宗教領袖以及猶太教食物屠宰師。

7. Jewish Historical Institute（JHI）in Warsaw, collection no. 301, documentno. 152（301/152）. 翻譯這段證詞時，我試圖保留引用原文中語法和拼寫錯誤。猶太歷史研究院的第三〇一號卷宗名為「個人證詞」，其中收錄超過七千份證詞，均由猶太歷史委員會在戰後訪談大屠殺倖存者收集而來。這些證詞幾乎是在事件發生不久後即取得，因此對於大屠殺時期的波蘭研究而言，它們可能是最重要的資料來源。猶太歷史委員會在當時有猶太人居住的許多大型城鎮都設有支會。例如瓦瑟什塔因的證詞即是一九四五年四月五日在比亞韋斯托克的猶太歷史委員會被記錄下來。而在這頁資料的底部，我們發現了一條補充注釋：「證人施姆爾·瓦瑟什塔因由什特曼（E. Sztejman）筆錄，猶太歷史委員會主席圖雷克（M. Turek）由瓦特爾（M. Kwater）從意第緒語即時翻譯。」我們還應該注意，許多人都留下了多份記錄其經歷的證詞，而這些證詞的細節都可能互相矛盾。例如瓦瑟什塔因的另一份證詞收錄在猶太歷史研究院301/613中，該證詞提到十五名年輕的猶太人在墓園遭到殺害，最後有十八名耶德瓦布內的猶太人倖存。

所有的猶太人在瓦瑟什塔因所描述的一系列殺戮和暴行之後，最終都被活活燒死在一間穀倉中。（我在讀證詞時以為這只是個假設性的說法，並認為只有部分猶太人是那樣遇害的。）我交稿的幾個月後，看了紀錄片《我的哥哥該隱去哪兒了？》（Where Is My Older Brother Cain?）。該片由阿格涅絲卡·阿諾德（Agnieszka Arnold）執導，她在片中也身兼採訪者，並與布羅尼斯沃夫·斯萊辛斯基的女兒進行了訪談[8]。這時候我才意識到，應該更嚴肅看待瓦瑟什塔因所陳述的每字每句。鑒於該論文集尚未出版，我曾考慮撤回文章。最後，我決定不做改動按原本的文字發表，因為耶德瓦布內事件中有一個非常重要的面向，即波蘭人對其犯下的駭人聽聞之罪行的後知後覺。這起事件為何（或者也可以說為何沒能）在包括我在內的戰時史學家的意識中占據一席之地？耶德瓦布內小鎮之後的三代居民在得知殺戮真相後又該如何繼續生活下去？當真相公諸於眾，波蘭全體公民會選擇以怎樣的方式來披露、看待它？

無論如何，一旦我們察覺到那些看似無法想像的事情竟然真實發生過，歷史學家很快就會發現：整個故事其實早有詳盡記載，案件的目擊者仍然活在世上，罪行的記憶將在耶德瓦布內代代流傳。

8. 二〇〇〇年四月於波蘭國家電視臺播出，得到許多影評人讚賞。為時六十三分鐘的影片中，耶德瓦布內小鎮事件占了兩分鐘。我想要感謝阿格涅絲卡·阿諾德讓我有機會閱讀她在耶德瓦布內的採訪稿，也要感謝她並不反對我用「Neighbors」作為本書書名——她一直想用這個標題來命名她所拍攝的耶德瓦布內大屠殺紀錄片。

資料來源

Sources

對歷史學家而言，最好的資料來源應該能對其研究對象提供一種「同時性（contemporaneous）解讀」[1]，並經得起仔細審視。因此，我的第一步就是尋找在耶德瓦布內「清掃」猶太人的德國文檔紀錄。我很清楚這類檔案一定存在於某處，但最後沒能找到。我也採訪、詢問了許多活躍於該時代的學者，但他們都對耶德瓦布內這個地名相當陌生。按理來說，記錄納粹德國特別行動部隊（Einsatzgruppen，又稱別動隊、突擊隊）在東部戰線（Eastern Front）活動的日常報告中，應該會有一些線索；然而我卻從未在其中發現耶德瓦布內的任何訊息。雖然這也是意料中的事，因為直到七月十日，活躍於沃姆扎一帶的特別行動B分隊早已經抵達白俄羅斯首都明斯克（Minsk）[2]附近了。不過幸運的是，我們還有機會找到耶德瓦布內大屠殺時期拍攝的德國紀錄片影像。[3]

目前看來，關於耶德瓦布內大屠殺的第一份、也是最全面的報告，就是施姆爾·瓦瑟什塔因於一九四五年所做的陳述。這樣我們就有了證據，即一九四九年五月和一九五三年十一月沃姆扎庭審期間紀錄。一九八〇年，一本紀念耶德瓦布內猶太人的書出版了，書中亦收錄不少目擊者對家鄉悲劇的描述。一九九八年，阿格涅絲卡·阿諾德採訪了一些耶德瓦布內的居民。不久

1. 譯注：意指事件發生同時代中對該事件的詮釋。
2. 這些日常報告的標題為「蘇聯事件報告」（Ereignismeldung UdSSR），由納粹德國國家安全部（RSHA）發行的日報在一九四一年六月二十二日公開，目前收藏於科布倫茨（Koblenz）的德國聯邦檔案館，編目 R 58/214。這些報告後來節選出部分內容以英文出版：*The Einsatzgruppen Reports*, ed. Yitzhak Arad, Shmuel Krakowski, and Shmuel Spector（New York: The Holocaust Library, 1989）。大衛·恩格爾（David Engel）和克里斯多福·白朗寧（Christopher Browning）都是該時期德國檔案的專家，但兩人都對耶德瓦布內的鎮名不甚熟悉。
3. 維克多·涅瓦維茨基（Wiktor Nielawicki，戰後定居於以色列，並改名為阿維格多·科哈夫）是大屠殺的倖存者，之後假造波蘭裔背景加入反納粹游擊隊。一九四四年，他與兩名戰友返回比亞維斯托克時看見了耶德瓦布內的路牌，他的同伴想起曾在一九四一年的華沙看過一則德國新聞紀錄片中出現此鎮名。他記得紀錄片內容是蘇德展開對抗且德軍占領該鎮後，波蘭人如何謀殺當地的猶太人（與涅瓦維茨基的對話，二〇〇〇年二月）。此外，在拉莫托夫斯基案中，我們在尤利婭·索克沃夫斯卡（之後我會更詳細地引用她的證詞）的檔案中發現如下證詞：「德國人只是站在一旁拍了些照片，之後他們對外展示波蘭人殺害猶太人的過程。」（MC, SOŁ123/630）比對涅瓦維茨基所陳述的證詞，我敢推測她的意思肯定是：德國人在事發後公開了小鎮中大屠殺的影像，而且並非只是展示照片的活動形式。

之後，我終於有機會與曾在鎮上居住的人討論這個事件[4]——即為本書的主要引用的證據和資料來源。在我們開始審視耶德瓦布內小鎮的問題之前，先來看看如何合理地運用這些資料。

首先，我們必須記住，猶太人關於大屠殺的證詞都得到了完整的紀錄，以便為這場災難拼出精準而全面的解釋。那個時代出版過的許多回憶錄和猶太人日記都證明了這一點。據說在偉大的白俄羅斯歷史學家西蒙．都布諾（Simon Dubnow）於拉脫維亞首都里加市（Riga）遭驅逐出境之前，曾經號召他的猶太同胞們「寫下『所有發生之事』！」——這個呼籲可能只是傳言，卻在許多回憶錄作者心底激起了漣漪，事實上也確實讓一個族群做出了集體努力；我們很了解且敬佩他們的作為——為記錄、留下證據所做出謹慎且機智的嘗試：歷史學家伊曼紐爾．林格爾布盧姆（Emanuel Ringelblum）在華沙猶太區發起的「安息日聚會」檔案整理工作，或是科夫諾（Kovno）猶太區檔案管理員所完成的艱巨任務，我都銘記在心。[5]我們已經無法救回死於納粹屠殺行動的猶太人，因此，猶太紀錄保管者們心中都存在著一股使命感（他們清楚而反復地描述過這種感覺）——最起碼，他們必須保存好一場

4. 不少曾居住耶德瓦布內的猶太居民在我撰寫本書時仍然健在，我與他們聊了戰前小鎮內的猶太生活，以及一九四一年七月的屠殺事件。這些人包括：雅各．貝克拉比在一九三八年離開耶德瓦布內，也多虧了他，耶德瓦布內猶太人紀念冊才得以出版；他的弟弟赫舍爾．貝克因躲在耶德瓦布內附近而倖免於難；維克多．涅瓦維茨基（阿維格多．科哈夫）來自維茲納，一九四一年七月十日時在耶德瓦布內；米特克．奧歇維克也從耶德瓦布內屠殺中倖存，是日後得到維日考夫斯基一家幫助的七位猶太人之一，他當時的未婚妻艾拉．索斯諾夫斯卡（Ela Sosnowska），以及另一名女性蕾雅．庫布若贊斯卡（庫布若恩），也都獲得維日考夫斯基一家的幫助才得以藏身；另外還有施姆爾．瓦瑟什塔因（逝於二〇〇〇年二月九日）。我也和以下人士進行了談話：安東尼娜．維日考夫斯卡（她的孩子都喚她安托莎）；來自沃姆扎的楊．茨特里諾維奇（Jan Cytrynowicz），他的家族於戰前在維茲納轉信仰天主教；來自耶德瓦布內的亞當奇克女士（Mrs. Adamczyk）。我在耶德瓦布內拜訪了許多老一輩的居民，他們不是不記得大屠殺當日的場景，就是那天碰巧不在鎮上。

5. 目前收藏於華沙猶太歷史研究所的林格本檔案（The Ringelblum Archive），是在諾沃莉彭基街（Nowolipki Street）六十八號的華沙猶太區廢墟中所發現的一系列檔案。一九四六年九月，在赫爾謝．瓦塞爾（Hersz Wasser）所提供情報的引導下，於廢墟中挖掘出裝有第一部分檔案總共十個金屬盒子。赫爾謝．瓦塞爾也是檔案彙編組成員之一；四年後，即一九五〇年十二月修復工作進行期間找到了第二部分的檔案，它們被藏在兩只很大的金屬牛奶罐中；埋於希維托耶斯卡街（Świ tojerska Street）三十四號的第三部分檔案則就此佚失，可能永遠無法找回。

毀滅性災難曾經發生的證據。

了解他們曾做出的努力之後，我們可以這麼思考：只要存在關於納粹惡行的記載，哪怕只有一份，人們就能有力地反對甚至阻撓納粹的猶太清洗計畫。納粹罪行的受害者顯然相信，將整個事件牢牢銘記，並讓其在後世代代相傳，就能有效地擊中極權主義的要害。猶太人沒有任何理由（對於這場他們所親歷和目擊的浩劫）將德國人犯下的罪行強加在波蘭人頭上。當然，每個證人都可能犯錯；如果可能的話，每個故事都應該與其他故事交互核對以確認其真實性。但很明顯地，耶德瓦布內大屠殺的猶太證人不可能因為對波蘭鄰人懷有惡意而偽造證詞。

不過，本書所參考的主要資料，並非來自猶太受害者，而是來自那些犯下惡行之人，而且許多是庭審紀錄。處理此類資料時，我們首先應該意識到，犯罪嫌疑人在受到控方仔細審視的情境下，極可能盡力弱化自己在事件中所扮演的角色，甚至也可能試圖弱化事件本身的程度。我們必須記住，法律無法迫使被告在口供中道出事件的全部真相；證人即便已經發誓「所言即事實，只有事實」，還是可能選擇性陳述，並對某些問題僅做出簡短生硬的回答。

除此之外，證詞（來自證人或被告）及歷史學家已釐清的資料之間存在著一位「調解者」（調查報告與日記或回憶錄有著本質上的區別，後者是為了讓讀者與資料來源建立起直接的聯繫）。調解者可能是案件調查人員、法官、辯方律師或原告律師，能建立和編寫檔案——擁有才智和一定的教育程度，同時致力挖掘真相。因此對於一名歷史學家而言，來自庭審紀錄的證據品質在很大程度上取決於調查目的和過程，以及審判本身的方向。

我們只需簡單研究拉莫托夫斯基及其共犯的庭審案件，就會發現審判進行得十分倉促。用「倉促」一詞甚至還太輕描淡寫了，因為多達二十二名被告人的庭審流程竟然在一天之內就迅速結束了：案件於一九四九年五月十六日在沃姆扎地方法院公開審理，次日即下達所有判決：二十二名被告中八名獲判無罪；一九五三年才受審的約瑟夫・索布塔（Józef Sobuta）也無罪釋放。[6]

對前述細節的掌握，決定了我們將如何評估這些資料來源。一九四九年到一九五三年，波蘭國內瀰漫著濃厚的史達林主義色彩。那些年間，波蘭的司法部和官方調查機構（所謂的國家安全部，Urząd Bezpieczeństwa，後稱UB）簡直聲名狼藉。所有被告都在法庭上表示自己遭屈打成招——那段時期，國安部成員常以刑求逼供，因此被告們諸如此類的控訴乍聽之下可信度很高。

縱觀整個調查過程，我推測當時遭國安部收押的犯人，幾乎都曾遭到暴力取供。不過，我們並未在案件的被告陳述中發現任何特殊資訊，也無法推斷被告間存在共謀關係或共同隸屬的祕密組織。另一方面，被告在庭審期間會突然「失憶」——無法記起審訊中提及的許多細節，相較於更早之前對七月十日慘案巨細靡遺的描述，他們在法庭上的表現相當不具說服力。[7]畢竟我們知道，發生在耶德瓦布內受害者身上的「七月屠殺」，在此後一直都是

6. 拉莫托夫斯基案最終判決如下：約瑟夫‧赫扎諾夫斯基、馬里安‧日盧克、切斯瓦夫‧勞丹斯基、文岑蒂‧高希茨基、羅曼‧扎瓦茲基（Roman Zawadzki）、亞歷山大‧沃耶夫斯基（Aleksander Łojewski）、歐根紐什‧希里維奇（Eugeniusz Śliwecki）和斯坦尼斯瓦夫‧歇拉瓦被判無罪；卡羅爾‧巴登被判死刑；耶日‧勞丹斯基被判十五年有期徒刑；齊格蒙特‧勞丹斯基、瓦迪斯瓦夫‧米茨尤拉和貝萊斯瓦夫‧拉莫托夫斯基判決十二年有期徒刑；斯坦尼斯瓦夫‧澤耶爾和切斯瓦夫‧利品斯基判決十年有期徒刑；尤瑟夫‧日盧克、安東尼‧涅布日多夫斯基、瓦迪斯瓦夫‧多布若夫斯基（Władysław Dąbrowski）、菲力克斯‧塔納茨基和羅曼‧高爾斯基（Roman Górski）判決八年有期徒刑。

檔案紀錄中包含了一些令人費解的矛盾之處，分歧點都在於究竟哪些人出席了庭審。拉莫托夫斯基案的庭審紀錄中，我們發現一份手寫的「主案調查報告書」（Protokół rozprawy głównej），是一位法庭速記員姆羅茨考夫斯卡（Cz. Mroczkowska）於一九四九年五月十六日整理出來的檔案。我們在資料中讀到了這句話：「庭審期間，所有的被告都在場。」這句話之後緊接著是一長串達二十人的名單，包含被告的個人資訊（MC, SOŁ 123/200-202）。此外，我們在沃姆扎國安部的「控制—調查」檔案中找到了「庭審的進行與結果報告書」（Raport o przebiegu i wyniku rozprawy sądowej），報告書的遞交日期正是「主案調查報告書」日期的隔天，即一九四九年五月十七日，由沃姆扎地方法院遞交給更高一級的機關——比亞維斯托克的國安部。這份報告只列出十六名被告的名字。除此以外，名單中提到了亞歷山大‧亞諾夫斯基（Aleksander Janowski），此人曾以證人身分出庭（他起初於一九四九年一月八日遭逮捕拘禁，但不久後即獲釋）。然而最重要的一點是，兩份報告書部分內容是一致的——包括獲判有罪者及刑期。

對於如何解釋這些分歧，我感到很茫然。於我而言，一份公開備案的庭審紀錄比一份祕密警察的報告書更可信。到頭來，資訊上的相互矛盾可能又是一個暗示：耶德瓦布內屠殺案的審判只是走走形式，警察草率處理且絲毫不在意細節。

在此也應該簡單一提約瑟夫‧索布塔案。在拉莫托夫斯基案審理期間，索布塔已經接受調查了，但他從未以被告出庭，是因他當時正在接受精神治療。顯然地，沃姆扎國安部（UB）不想延後開庭時間，因此在一九四九年三月二十四日告知檢方，索布塔一出院就會遭到逮捕。

然而，索布塔的精神疾病很有可能是裝出來的。他出院後沒有被逮捕，而是在羅茲市（Łódź）

小鎮上的話題。因此，如果審讀拉莫托夫斯基案調查期間收集的所有證據，很快會發現二十二名被告中除了少數例外，幾乎每個人都留下了口供。然而口供紀錄非常簡要，而且都圍繞著三個相同的問題展開：一九四一年七月你住在哪裡？你是否參與當時對猶太人進行的屠殺？誰也參與了謀殺和圍捕耶德瓦布內猶太人的行動？記錄大部分口供的是同一個筆跡，並由同一位調查官格熱戈日·瑪圖耶維奇（Grzegorz Matujewicz）簽署。

除了一些補充說明，所有的口供紀錄都在一月八日至一月二十二日之間完成。換句話說，調查過程約兩週。據此可以得出第一個結論：對沃姆扎國安部而言，這不是一起高優先順位的案子，用在此案的人力等調查資源也相對較少；對拉莫托夫斯基及其共犯之指控的措辭，也反映了官方對此案的敷衍了事。我們從檔案中得知，被告受指控「協助德國政府，即於一九四一年六月二十五日在耶德瓦布內參與逮捕一千兩百名左右猶太裔居民的行動；之後這些居民被德國人燒死在布羅尼斯沃夫·斯萊辛斯基的穀倉中。」[8] 如今，定居，經營起一家商店，後來因試圖賄賂公務員被懲處十二個月的勞役。一九五三年，兩位心理醫師鑑定他的精神狀態，評估他是否有能力出庭。鑑定的過程中，索布塔無法說出先前遭控告的罪名，當被問及何時離開勞改營時，他回答：「大門打開的時候。」由此給人留下了精神異常的印象，但兩位醫師認為他有能力出庭（MC, SWB 145/205）。他在接受調查的過程中，仍堅稱自己不記得任何事，直到出現了多份可能讓他陷入嚴重危機的證詞：許多證人指出耶德瓦布內大屠殺期間，他是摧毀列寧紀念碑的主要煽動者，對此他編了一個非常聰明的謊言（MC, SWP 145/267-270）。基於索布塔案和一九四九年拉莫托夫斯基案的多份證詞，我確信約瑟夫．索布塔是該次集體迫害行動中最積極的參與者之一。但他為何被判無罪？

一九五三年，索布塔面臨兩項起訴。他被指控「參與將耶德瓦布內中數百名猶太人活活燒死」的行動，此舉也說明他在一九四一年六月二十二日至一九四四年六月期間協助納粹德國政權；他還被指控「為德國憲兵隊指認一位民兵組織及波蘭共產黨成員謝斯瓦夫．克魯品斯基（Czesław Krupiński）（或庫比茨基〔Kupiecki〕），後者遭德國憲兵殺害」（MC, SWB 145/199）。比亞維斯托克的調查官維克多．喬姆奇克（Wiktor Chomczyk）在一九五三年十月二日得出調查結論：沒有理由以「為德軍指認謝斯瓦夫．克魯品斯基——一名蘇占時期（一九三九年九月至一九四一年六月，耶德瓦布內隸屬受蘇聯統治的波蘭領土）的前民兵」為罪名起訴索布塔。在此之後，整個案子立刻失去了推進動力，索布塔很快就無罪釋放（MC, SWB 145/274）。整體來說，如果沒有更惡劣的罪行，在戰時「參與將耶德瓦布內小鎮上數百名猶太人活活燒死」的行動，並不值得史達林主義司法機關提出正式控訴的罪名。

7. 為什麼被告之前會說溜嘴，而不試圖將罪名推給德軍？首先，人被逮捕時會受到一定的驚嚇，受警方盤問時也會心生懼怕；其次，在這起案件中被告並沒有迴旋餘地，畢竟大屠殺已成為一個公開事件，幾乎每個人都知道當時發生的慘況，被告不可能肆無忌憚地向調查官說謊（後者自然也知道當時發生了什麼事），如果他們膽敢說謊，肯定會遭到刑求。因此，充滿恐懼的被告自然只能嘗試淡化自己在事件中所扮演的角色——唯有事件的總輪廓是絕對無法被否認或惡意扭曲。

耶德瓦布內的大屠殺日期變成七月十日，調查期間收集的大量口供都反映了此一事實。然而，控方卻仍堅持案件發生在瓦瑟什塔因證詞中的六月二十五日。數個月的審理過程中，控方和法院都沒有糾正這個錯誤。直到控方向最高法院提起最高上訴後下達的判決書中，才出現了對於案件發生日期的澄清：「耶德瓦布內屠殺的實際發生日期比沃姆扎地方法院所認定的日期晚了幾天。」——事實上是晚了超過兩個星期！[9]

我把和案件有關的所有資訊，無論主要的還是次要的都呈現在這裡，為的是明確指出這並不是一起政治案件。的確，那些「控制—調查」檔案的內容反映了沃姆扎國安部的態度和計畫，它們也都證實了我對此案的評估。前文提到的一九四九年一月二十四日的「清算報告」（Liquidation Report）中，以紅字印刷的第五條為「未來作戰活動計畫」。不過在這份報告中，第五條的內容並非特別重要。由此可見這份報告書和所有的「控制—調查」檔案，以及所謂的「未來作戰活動計畫」顯然屬於例行事項。畢竟在一九四〇年代晚期至五〇年代初期為史達林掀起的反猶狂潮達到巔峰的時期，[10] 很顯然地，在當時受史達林主義席捲的波蘭強調戰時猶太人在波蘭人手中遭受的苦痛，對任何一方都沒有好處。

---

8. MC, SOŁ 123/2.
9. MC, SOŁ 123/296.
10. 我想到的不僅是蘇聯所謂的「大清洗」（Doctor's Plot，「醫生案件」為史達林統治下的反猶行動，起源於一群莫斯科猶太醫師密謀暗殺蘇聯領導人事件）或捷克斯洛伐克的魯道夫．斯蘭斯基（Rudolf Slánský）案的反猶背景，而是從那時開始自莫斯科輻射出去的意識型態浪潮。尼古拉斯．韋特（Nicolas Werth）發表於《史達林主義與納粹主義：比較歷史與記憶》（*Stalinisme et Nazisme. Histoire et mémoire comparées*）的一系列精采論文中曾論及此主題：「一九三九年至一九四九年的十年間，隨著領土擴張、戰爭、占領地的蘇維埃化，共有約三百二十萬人民遭驅逐出境。大多數人因族裔背景而遭驅逐，而並非像『去富農化』（dekulakization）時期般按階級篩選被驅逐者。」我要補充的是，那段時期中，很大比例的被驅逐者是波蘭裔人。「顯然地，敵人在第二次史達林主義浪潮（即戰後）改變了他們的外表。這段時期的特徵即不合時宜、倒退性的蒙昧主義，例如反猶主義（在第一代布爾什維克領袖中，這種思想已經幾乎不存在了）和仇外心理，這種情緒在對『偉大祖國俄羅斯』的讚頌中以各種不同的行為表現出來。此時期人們以族裔來定義共產主義的主要敵人」（Nicolas Werth, "Logiques de violence dans l' URSS stalinienne,"in *Stalinisme etnazisme, histoire et memoire comparées*, ed. HenryRousso, [Brussels: Editions Complexe, 1999], pp. 122, 123）。

我推測，之所以對拉莫托夫斯基等人提出控告，是因為已有一份證詞被歸檔在案，司法體制內的行政機關必須對其進行處理，但從每個線索都能看出此案的倉促調查及草率結案。另外，由於這不是一樁政治案件，因此我們在調查期間收集的各種資料都能有助於重構事件的真實面貌。儘管我們絕對不能忽略，被告的證詞很可能弱化了事件本身，以及被告在其中的參與程度。[11]

11. 在這一點上，被告們的各種申訴顯得格外有趣。沃姆扎地方法庭在一九五四年四月二日寄了一封信函給比亞維斯托克法庭，要求由他們保管檔案：「本案中有十一人獲判長期監禁，因此地方檢察處有責任監督刑罰執行情況；且受刑人常常提出寬宥處理、假釋或其他申訴。」（MC, SWB 145/786）。

戰前

Before the War

耶德瓦布內坐落在納雷夫河（Narew）與別布扎河（Biebrza）的交匯處。兩條河每年春季都會溢出河床，流域周圍以優美的濕地風光及棲息於濕地上的各種水鳥和茂盛植被而聞名。一九七九年，波蘭最大的國家公園就修建在這個區域。[1]然而，就算耶德瓦布內周圍的景色再美，小鎮本身仍然是醜陋的。

自古以來，木材和稻草一直是這一帶最廉價也最唾手可得的建材，因此鎮民一直飽受火事困擾。人們記憶中最可怕的一場火災發生在一九一六年，那場火災將全鎮的四分之三都化為灰燼。耶德瓦布內曾經有一座高雅華美的十八世紀木造猶太教堂，卻在一九一三年第一次世界大戰爆發前燒燬。[2]數十年後，一位居民在為耶德瓦布內猶太人紀念冊撰文時回憶，人們每晚臨睡前都會朝北方投去最後一瞥，過了地平線就是鄰鎮拉濟武夫（Radziłów）。如果夜空中泛起微弱的粉色光暈，人們會立刻駕起裝滿工具及物資的馬車，飛奔前去營救；同樣地，拉濟武夫的猶太人也密切關注耶德瓦布內的情況。火難頻繁的年代，相鄰鎮上擁有血緣關係的居民們呼吸著共同的命運，並且不吝分享他們有限的資源。

耶德瓦布內在一七三六年獲得了城鎮特許狀（town charter）[3]，儘管彼時小鎮已建成至少三百年了。猶太人最初服從於波蘭蒂柯欽（Tykocin）的猶

1. Łomża, topographical map of Poland no. N-34-105/106（Warsaw: Wojskowe Zakłady Kartograficzne, 1997）, verso.
2. Kazimierz and Maria Piechotkowie, *Bramy nieba: bóżnice drewniane na ziemiach dawnej Rzeczypospolitej*（Warsaw: Krupski i S-ka, 1996）, pp. 231-232. 關於耶德瓦布內的歷史及戰前猶太社群生活主要有兩個資料來源：其一是 *Yedwabne: Historyand Memorial Book*, ed. Julius L. Baker and Jacob L. Baker（Jerusalem and New York: The Yedwabner Societies in Israel and the United States of America, 1980）（後文稱 *Yedwabne*）；其二是亨里克．梅耶茨基的一部未命題打字稿，梅耶茨基是比亞維斯托克的國家檔案館前館長，也是一位歷史學家，他寫了許多關於比亞維斯托克地區的歷史著作。正如梅耶茨基所寫：「關於耶德瓦布內戰時歷史的文獻少之又少。鎮政廳和社區辦公室的檔案都沒有得到保存，鎮上各種行政機關或學校的檔案也付諸闕如。完全找不到任何關於此時期耶德瓦布內的紀錄，而耶德瓦布內先後所屬的科爾諾郡和沃姆扎郡的檔案館也沒有保存任何資料。」
3. 一種確認市政機關（如市或鎮）成立的文件。此概念源自中世紀的歐洲。

太社區體系（Jewish communal authority），之後從蒂柯欽移居耶德瓦布內。一七七〇年，美麗的木造猶太教堂在耶德瓦布內落成時，鎮內共有三百八十七名猶太鎮民，在總人口（四百五十人）中占了絕大多數。第一次世界大戰前夕，耶德瓦布內的住民達到了前所未有的高峰，約三千人。很快地在一九一六年，因一戰所造成的破壞和沙皇俄國頒布的「重新安置猶太人」政策，懷疑猶太人親同盟國的沙俄政府迫使戰事前線一帶的猶太人遷居其他地區，導致鎮上人口驟減至七百人左右。

一戰過後，被強迫遷走的多數猶太鎮民再次回到耶德瓦布內，小鎮又開始熱絡起來。一九三一年的人口普查資料顯示，鎮民人數在當時達到兩千一百六十七人，其中有六成的鎮民承認自己是猶太人。鎮上其餘住民，包括鎮郊社區（gmina，波蘭最小的土地行政單位）內的居民都是波蘭裔。

一九三三年，耶德瓦布內共有一百四十四名工匠，包括三十五名裁縫師和二十六名鞋匠，其中從事服務業和手工業者多數為猶太人。當然，還有很多從事相關職業的鎮民，但他們太窮了，無法繳納營業執照的註冊費用。茨波拉·羅斯齊爾德（Tsiporah Rothchild）回憶：「鎮上所有的生產都由工匠完成，他們的家人都是幫手。我記得一次很不尋常的『勞動糾紛』。雷布·品特柯瓦斯基（Reb Nachum Moishe Pyontkowski）的兒子阿里耶（Aryeh）決定罷工來反對他的父親。雷布手持鐵輪圈毆打兒子的時候，小夥子痛苦地吶喊著，他想讓父親知道：『我是個社會主義者，我不想在晚上超時工作！』另外，耶德瓦布內也有『行動裁縫師』，他們會去其他鎮上找工作。」[4]

流動的商人和工匠總在尋找收入豐厚的工作機會，通常一份工作的工期為數個月。因此，許多人每年、每季總在「找工作」的旅途中。這一帶的猶太人們曾用各種各樣的暱稱來稱呼彼此。例如，拉濟武夫的猶太人被喚作「Radzilower Kozes」——即拉濟武夫山羊，一個友好卻帶些嘲弄意味的

4. *Yedwabne*, p. 8.

稱呼；沃姆扎猶太人的暱稱是「Lomzer Baaloonim」，意思是挑剔、自命不凡又稍微貪圖享樂的人；科爾諾（Kolno）的猶太人被稱為「Kolner Pekelch Pekewach」，意為肩負重擔卻愛發牢騷的傢伙；而耶德瓦布內猶太人的暱稱則是「Jedwabne Krichers」，大致意指為好事之人，常四處移居卻總愛干涉別人的事。[5]

年輕的雅各．貝克拉比在沃姆扎知名的猶太學校[6]學習宗教，直到離開耶德瓦布內之前，他都沉浸在《塔木德》（Talmud）研究中，並且使用「彼卡」（Piekarz）作為自己的姓氏——即「貝克」在波蘭文中的寫法。回憶起戰前與波蘭鄰人的日常往來，雅各．貝克仍備感親切。他與母親、祖母和兩個兄弟住在一起，家庭結構和席拉瓦（Sielawa）家差不多。和社區中其他人一樣，彼卡家的孩子偶爾會在席拉瓦家的井打水，大家都認為他們過得認真勤奮。「一個冬天的傍晚，我看到鄰居席拉瓦家的小女兒帶了一點餵牛的馬鈴薯皮給瑞澤雷（Reizele，雅各・貝克的祖母），而瑞澤雷立刻給了她整整一加侖的牛奶作為答謝。當我問為何要給女孩這麼多牛奶時，瑞澤雷解釋：『從她送來的那一點點馬鈴薯皮，就知道席拉瓦家的晚飯少得可憐。』」[7] 戰後五十年，阿格涅絲卡・阿諾德訪問了一位來自耶德瓦布內年事已高的波蘭裔藥劑師，藥劑師回憶起波蘭和猶太鄰里間的友好情誼：「我們在觀念或其他面向上從來沒有太大的分歧，鎮上的猶太人與波蘭人關係十分和睦。我們依賴彼此，而且親近到可以直呼其名：雅內克（Janek）、伊采克（Icek）……我敢

5. 同前書，p. 20。一位在一九九八年仍住在鎮上的年邁波蘭裔藥劑師回憶，耶德瓦布內的猶太人中，「沒有所謂的知識分子（intelligentsia）。所有人都是工匠、只會某種簡單技能的工人或車伕。」（電影《我的哥哥該隱去哪兒了？》〔Where Is My Older Brother Cain?〕中採訪腳本〔*Gdzie jest mój brat Kain?, unpublished script*〕，p. 489）。

6. 葉史瓦（Yeshiva），一種猶太教育機構，主要教授傳統的宗教經文《塔木德》和《摩西五經》（《聖經》中的前五卷）。

7. 在我們於紐約的談話中，他以弗蘭內克（Franek）和斯塔舍克（Srashek）來稱呼席拉瓦兄弟。兩人均為瓦瑟什塔因口中最恐怖的劊子手之列。斯坦尼斯瓦夫・席拉瓦是拉莫托夫斯基案的被告之一。席拉瓦家小女孩所提及的「馬鈴薯皮軼事」可參見 *Yedwabne*, pp. 55, 56。

說在這裡，生活就是田園牧歌。」[8]

儘管鄰里之間的互動和聯繫十分頻繁，猶太人對人群中潛在的敵意仍非常敏感，尤其考慮到鄰近區域在政治上都堅定支持民族民主黨（National Democratic Party）[9]。因此在兩次大戰間的歲月中，即便在耶德瓦布內的暗處流動著謹慎或警戒的情緒，也會避免公開的對峙和衝突；而一些本來很可能會躁動成危險事件的場面，也幸而都平息下來。

當然，面對反復爆發的反猶主義浪潮，猶太人往往無力招架。許久以前，當地的仕紳階級會定期召開集會，同時找來鎮民及一群僕役和學徒。那個時代，常常會發生口角、酗酒和毆打當地猶太人的事件。復活節期間，神父會在佈道詞中將猶太人描繪為殺死上帝之人，復活節也因而成了一年一度反猶情緒爆發的時間。當然了，許多意想不到的狀況隨時都可能導致悲劇發生。例如一九三四年的耶德瓦布內，一名猶太婦女慘遭殺害；幾天後的鄰鎮市集日上，一名農民遭人開槍擊斃。於是謠言不脛而走，指稱耶德瓦布內的猶太人要開始報復波蘭人了。約納・羅斯齊爾德（Jona Rothchild）是當地教堂重建的鋼材主要供應商，他在回憶錄中寫道，在阿維格多・比阿沃斯托茨基（Avigdor Białostocki）拉比和他一起拜訪了耶德瓦布內的神父之後，（許多人期待發生的）猶太大屠殺的勢頭就此遏制下來。

這段插曲非常符合當時猶太人的生存環境，他們早已預感到即將來臨的大屠殺（正如二戰期間，猶太隔離區的居民幾乎能提前預知德國人將要採取的「行動」〔Aktion〕）。猶太人認為在這種情形下，政府應該安撫一般民眾和宗教團體，並借助它們的力量阻止即將爆發的危險——這些本應理所當然。猶太人一直以來都在繳納一筆額外的稅款，就是為了在危難時刻得到保護。數世紀以來，克希拉（kehillas，即猶太社群）也為了同樣的目的存有一

8. Where Is My Older Brother Cain?, p. 489.
9. 民族民主黨是戰時波蘭最大（以入黨人數為標準）政黨，其政策方向有很強烈的反猶傾向。

些特殊基金。[10]

二戰爆發之前，耶德瓦布內一直是一座安靜的小鎮，鎮上的猶太人和波蘭其他地區的猶太人幾乎沒有分別。非要說點差異的話，可能就是他們過得比其他猶太人更好，無論是國家分裂還是曠日持久的衝突，都並未影響這個猶太共同體。耶德瓦布內住著一些「哈西典」[11]，而猶太社區中所有成員的精神領袖即是虔誠且受人尊敬的阿維格多・比阿沃斯托茨基拉比。戰爭爆發前幾年，一位新的教區神父馬里安・舒莫瓦斯基（Marian Szumowski）來到這座小鎮赴任，他支持民族民主黨。直到那時，比阿沃斯托茨基拉比和耶德瓦布內的天主教神父都相處和睦。[12]此外，當地的警察局長也是一位優雅正直之人，他維持著小鎮的秩序，不遺餘力地追捕擾亂寧靜之人，不論人們的政治態度和種族背景都一視同仁。

然而不久之後，戰爭爆發了。

10. 哈西典（Chasids），猶太教的虔敬派信徒。

11. 洪德特（Gershon David Hundert）寫過一部關於十八世紀波蘭奧帕圖夫（Opatów）鎮猶太社群的有趣著作，他在書中提供了一七二八年至八四年間猶太社群支付此類特殊「稅款」的詳細資訊：*The Jews in a Private Polish Town: The Case of Opatów in the Eighteenth Century*（Baltimore: Johns Hopkins University Press, 1992），pp. 98-104。

12. 沃姆扎郡及鄰近的天主教神職人員在政治立場上與民族民主黨格外一致。塔德烏什．弗拉切克（Tadeusz Frączek）在博士論文（Formacje zbrojne obozu narodowego na Białostocczyźniew latach 1939-1956, WojskowyInsty tut Historyczny〔Military Historical Institute〕,Warsaw, file no. 76）中寫到，沃姆扎的主教斯坦尼斯瓦夫．烏考姆斯基（Stanisław Łukomski）在一九二八年四月一次重要選舉前夕，寫了許多私人信件給教區居民，告訴他們「不要投票給社會主義者、共產主義者或所謂的農民黨支持者」。選舉結束之後，他甚至禁止支持農民黨的教區舉行復活節活動（pp. 36-37）。

蘇聯占領

Soviet Occupation

一九三九——一九四一

一九三九年八月二十三日，納粹德國的外交部長約阿希姆・馮・里賓特洛甫（Joachim von Ribbentrop）與蘇聯外交部長維亞切斯拉夫・莫洛托夫（Vyacheslav Molotov）在莫斯科簽訂了《德蘇互不侵犯條約》。這份條約史稱「莫洛托夫—里賓特洛甫協議」（The Molotov-Ribbentrop Pact，儘管實質上是希特勒和史達林之間的契約），為希特勒「二戰之旅」的起點。希特勒簽訂之後，就能毫無顧忌地軍事入侵波蘭，不必擔心東線的蘇聯會成為抵禦德方侵略的「第二戰線」。

在條約的祕密協定中，兩個獨裁者瓜分了德蘇兩國之間的土地。「如果波蘭領土發生土地和政治變動，」祕密協定的第二條這樣寫道，「德蘇雙方的利益範圍以波羅的海沿岸地區的立陶宛北部邊界、波蘭的納雷夫河、維斯瓦河和桑河為分界線。」因此，一九三九年九月，蘇聯軍隊占領了超過一半的波蘭領土。[1]希特勒的軍隊於一九三九年九月一日入侵波蘭，蘇聯紅軍則在一九三九年九月十七日跨過了波蘭的東部邊界。緊接著，德蘇雙方的勢力範圍就此拍板畫定。

我們可以從這樣密集的時程看出，在最開始的時候，波蘭的哪塊地歸希特勒、哪塊地歸史達林並不那麼清楚。因此在一九三九年的秋天，耶德瓦布內曾遭德國國防軍短暫占領，緊接著，根據雙方畫定的勢力邊界，這座小鎮又由德方讓渡給蘇聯統治。

由於全鎮人口一半以上都是猶太人，無疑占領者會在鎮上成立新的行政部門，或在由蘇聯設立的國營企業和工廠中任職。東線波蘭軍隊（「安德斯軍團」〔Anders' Army〕，一九四一年德蘇戰爭爆發後，由蘇聯組建的部隊）的文件辦公室（Bureau of Documents）曾讓一百二十五位沃姆扎地區人士做過訪查問卷，並以這一百二十五份問卷為基礎寫成了一份長報告，描述蘇聯占領下的沃姆扎歷史。不過，報告中僅僅包含了三條對於耶德瓦布內猶太人的籠

1. *Documents on German Foreign Policy*, ed. R. J. Sontag（Washington, D.C.: U.S. Government Printing Office, 1954）, 7:247.

統評價，例如他們對蘇聯統治的熱中和支持。[2]這份長報告涉及整個沃姆扎郡，即涵納了大約十七萬人的生活經歷；而一百二十五份問卷中，只有十六份是由曾住在耶德瓦布內的人填寫。因此很遺憾的，我們無法由此了解當時耶德瓦布內生活的任何細節。[3]

蘇聯統治的二十個月內，耶德瓦布內中猶太居民和其他居民之間的敵對關係並不是特例。波蘭國家檔案館前主任、歷史學家亨里克・梅耶茨基（Henryk Majecki）提供當時在耶德瓦布內行政機關中最重要的五名蘇聯官員的姓名：「耶德瓦布內的區（raion，蘇聯治下最小行政單位）執行委員會主席蘇卡霍夫（Danil Kireyevich Sukachov），有名的激進分子，屬於戰前西白俄羅斯共產黨；區黨委書記里達歇恩柯（Mark Timofeevich Rydachenko）；書記處成員貝斯特羅夫（Piotr Ivanovich Bystrov）和尤斯季洛夫斯基（Dymitri Borisovich Ustilovski）；最後是馬雷舍夫（Aleksandr Nikiforovich Malyshev），他是蘇聯共青團（Komsomol）團委書記。」[4]耶德瓦布內就位於最接近德蘇

2. 一九三九年九月，蘇聯軍隊占領超過一半的波蘭領土後，波蘭迎來了為期二十個月的蘇聯戰區時期，在此期間，數十萬波蘭民眾遭驅逐、流放至蘇聯境內。接著，一九四一年六月希特勒進攻蘇聯，滯留蘇聯的波蘭民眾獲「赦免」，一支波蘭軍隊在蘇聯領土上成立了。一九四二年，約十二萬人（新成立的軍隊及其眷屬）被疏散至伊朗。當中許多人都同意接受採訪和調查，講述他們在蘇聯政體下的經歷。透過採訪這些流亡者來蒐集更多證據的想法，來自波蘭駐莫斯科大使斯坦尼斯瓦夫．科特（Stanisław Kot）教授，這個想法在當時也得到波蘭東部軍指揮官瓦迪斯瓦夫．安德斯（WładysławAnders，因此軍隊一般被稱為「安德斯軍團」）將軍的全力支持。許多問卷被發放給士兵和他們的家人，調查順利進行，調查結果由波蘭東部軍的獨立機關匯編後，交由文件辦公室保管。一九四三年四月，完成的問卷移交倫敦民政部門存放，波蘭流亡政府當時就在倫敦。約一萬兩千份調查報告被送往在倫敦成立的一個研究部，該部門由維克多．蘇基尼奇（Wiktor Sukiennicki）教授主持。如需更詳細的描述，或想更了解以這些資料為基礎所展開的蘇聯占領研究，可參見拙作《來自域外的革命》（*Revolution from Abroad: The Soviet Conquest of Poland's Western Ukraine and Western Belorussia*）。我在書中提到蘇基尼奇教授團隊整理的沃姆扎報告，關於耶德瓦布內的情況可見pp. 14, 45, 99。波蘭的郡報告和個人調查問卷藏於美國加州的胡佛研究所（Hoover Institution），歸檔於兩個卷宗內：波蘭政府彙編和安德斯匯編。

3. 雅內克．諾伊馬克曾於一九三九年在德占地區遭逮捕，他在耶德瓦布內於蘇聯治下時返回該地。他回憶蘇軍沒收大多數猶太人的財產並拘捕他們時的悲痛。（*Jedwabne*, p. 112）

4. Majecki, typescript, p. 56. 作者並未寫明是從哪個文獻中獲得的資訊。另有一份幾乎相同的名單（剔除了馬維歇〔Małyszew〕，加上阿法納西．費多羅維奇．索波列夫〔Afanasi Fedorovich Sobolev〕），可參見annex no. 3,“Wykaz obsady kadrowej radzieckich władz terenowych w regionie łomżyńskim w latach 1939-1941,” in Michał Gniatowski, *W radzieckich- okowach. Studium o agresji 17 wrzeŚnia 1939r. i radzieckiej polityce w regionie łomżyńskim w latach 1939-1941*（Łomża: Łomżyńskie Towarzystwo Naukowe im. Wagów, 1997），p. 296。

勢力邊界的區域，我們可以推測蘇聯沒有雇用當地人，而直接指派蘇聯的資深官員來管理當地行政機關。

正如我先前談到的，蘇聯於一九三九年九月「接管」的波蘭人常常將猶太人描述為「親蘇」的群體。尤其當波蘭證人們回憶第一次看到蘇聯紅軍時，都一致認為猶太人為蘇聯軍隊的到來歡呼雀躍。[5]我只找到一份有相關詳細記載的報告，報告中描述一九三九年九月蘇軍入駐時耶德瓦布內鎮民的「熱烈歡迎」。阿格涅絲卡・阿諾德拍攝採訪布羅尼斯沃夫・斯萊辛斯基之女時（耶德瓦布內的猶太受害者就是在斯萊辛斯基的穀倉中被燒死），她道出了關於蘇軍入駐時的回憶：

> 我親眼目睹了蘇聯軍隊怎麼來的。他們沿著普日茲爾斯卡街（Przystrzelska Street）走到鎮中心，街上有一家麵包店，一對猶太男女從店裡拿出桌子，桌子上鋪著紅色的桌布，你知道嗎？紅色的桌布。還有一家波蘭

人，嗯，是兩家波蘭人，戰前他們就是共產主義者……就這樣，一共三戶人家去迎接蘇聯士兵，為他們獻上麵包和鹽。這就是我看到的。有兩幢樓之間拉起了一面巨大的布條，上面大大地寫著：我們歡迎您，白色的、大寫的字。有的男人還把自己的妻子獻給蘇軍。之後，軍隊在廣場，呃，那裡現在變成公園了，他們在那裡解散。我當時才十六歲，街上還有其他孩子。只有孩子，成年人都不敢出來，只是遠遠看著，他們都很害怕。但孩子們肯定是到處亂跑的。嗯……我也不算是年輕氣盛的孩子，但我們都去那兒了。[6]

斯萊辛斯基之女的說法，無意中成為一個相當典型場景的生動描述：蘇聯軍隊進駐小鎮時，居民紛紛出來看熱鬧，大多數是滿懷好奇的年輕人，有

5. 如需進一步理解關於這種刻板印象的分析，可參見拙作〈A Tangled Web〉in Deák, Gross, and Judt, *The Politics of Retribution in Europe*。

6. Where Is My Older Brother Cain?, pp. 158, 159. 譯注：此段為布羅尼斯沃夫．斯萊辛斯基之女的口述紀錄，她的英語不好，原文中有許多語法錯誤和表述不明的情況。

猶太人，也有非猶太人。阿格涅絲卡．阿諾德於耶德瓦布內錄下的另一段訪談，也反映出其他鎮民始終存有「猶太人對蘇軍逢迎諂媚」的刻板印象。訪談對象是當地一位年邁的波蘭藥劑師，他試圖解釋猶太人和蘇聯在耶德瓦布內行政機關中的勾結行徑：「你知道，我沒有任何證據。我只是在說一個，唔，怎麼說呢，算是公開的祕密吧！大家都這麼說。嗯……總會有人和他們串通一氣。但我無法保證……事實上我沒有親眼見到任何人這麼做，就我個人而言，我不認識有誰做出這種事。」[7] 換言之，「猶太人與蘇聯軍隊之間的勾結」只是一種印象、一段傳言，以致任何行為都可能成為證據——例如一群猶太孩童在街上玩耍，一名猶太人在郵局（官方機構內）工作，或是一名猶太青年在街上對人出言不遜。誠然，在猶太人之中的確存在「內奸」或蘇聯內務人民委員部（NKVD，蘇聯在史達林時代的主要政治機關）的間諜，但眾所周知，前述情況也不只存在於猶太人或耶德瓦布內中——我們很快會發現，猶太人甚至不是主要的「內奸」。

但另一方面，耶德瓦布內的歷史和其他蘇聯所占領的多數地區不同。更早之前，小鎮裡就已成立了一個大型反蘇聯地下組織。一九四〇年六月，蘇聯查獲該組織並將其剿滅。首先，該組織在科比諾森林（Kobielno Forest）附近總部遭到蘇聯軍隊的壓倒性襲擊，雙方傷亡人數相當龐大。接著，蘇軍查獲地下組織的所有檔案，並展開激烈的逮捕行動。根據波蘭重量級歷史學家湯瑪斯．斯特勒波茲（Tomasz Strzembosz）的研究，耶德瓦布內、拉濟武夫和維茲納（Wizna）一帶大約有兩百五十人因此被捕入獄。[8] 剩下的地下組織成員擔心遭遇不測，紛紛離家躲進森林和沼澤地。因此，一位調查該地區暴力案件審判的歷史學家自然會想知道，以下兩起非同尋常的事件之間是否有所

7. 同前書，p. 491。
8. Krzysztof Jasiewicz, Tomasz Strzembosz, and Marek Wierzbicki eds., *Okupacja sowiecka*（*1939-1941*）*w świetle tajnych dokumentów*（Warsaw: ISP PAN,1996），p. 212. 斯特勒波茲還寫了一篇長文，並在文中引用一九八〇年記錄下的訪談片段，訪談對象都是這時期的參與者或目擊者，見〈Uroczysko Kobielno〉, Karta, no. 5（May-July 1991）: 3-27。吉亞托夫斯基（Gniatowski）也描寫了此地下組織遭蘇聯內務人民委員部剿滅的過程（W radzieckich okowach, pp. 125-127）。

關聯：一九四〇年六月蘇聯摧毀波蘭地下組織，以及一九四一年七月波蘭人對猶太人施行的大屠殺。[9]

說來巧合，當時保存至今的兩份重要證詞也為這個故事做出了很有意思的詮釋。安東尼・鮑拉瓦斯基（Antoni Borawski）下士來自波德拉謝省的維季尼村（Witynie），該村莊離耶德瓦布內約四公里[10]，他留下了一份很長的簡歷《我的自傳一九四〇—一九四一》（My Biography for 1940-1941），由安德斯軍團的檔案處保存。鮑拉瓦斯基於七月四日遭逮捕，約在科比諾森林槍戰的兩週後，其後經歷了漫長而痛苦的審訊。但他在監禁中活了下來，並最終道出了這個關於背叛的故事，同時解釋為何蘇聯祕密警察能查獲並剿滅其地下組織。以下就是鮑拉瓦斯基在自傳中講述的故事：

> 總部有一個傢伙，來自考沃濟亞村（Kołodzieja）的東布羅夫斯基（Dąbrowski）。起初，東布羅夫斯基表現得像是一名波蘭模範市民。他為總

部提供武器裝備——他走了一百公里前往齊爾沃尼—波爾（Czerwony Bór）村（波蘭軍隊將裝備存放在這個村子），並帶回了武器和彈藥。如果他沒辦法取得免費的武器，就會自己掏腰包，能付多少付多少。東布羅夫斯基是巴特基村（Bartki）維希涅夫斯基（Wiśniewski）的女婿，維希涅夫斯基是蘇聯治下某個社區的鄉長。於是這對岳父和女婿達成共識，維希涅夫斯基保證蘇軍不會逮捕東布羅夫斯基，但女婿須供出地下組織總部位置和行動計畫，例如總部攻擊蘇軍及解除其武裝的策略等等。那麼接下來發生了什麼事？東布

9. 我很感謝達留什．斯托拉（Dariusz Stola，波蘭猶太人歷史博物館總監）博士在我釐清兩起事件關聯的過程中提供了非常有趣的線索：蘇聯內務人民委員部發現科比諾地下組織之後逮捕了很多人，因此當地的菁英人士可能都在此時期遭肅清，以致於在一九四一年七月的耶德瓦布內，沒有足夠權威的人士能遏止反猶浪潮。這個假設可能已經比較接近真相了。然而，來自拉濟武夫的芬克什塔因的證詞（我在後文會引用）卻使我們不得不懷疑，當地的菁英人士是否確實會堅決反對反猶暴力的發生。

10. 鮑拉瓦斯基告訴我們，他的兩個兄弟住在耶德瓦布內。由於瓦瑟什塔因的原證詞為意第緒語，其中提及的一些名字音譯後都不太準確，因此瓦瑟什塔因所提到的波洛夫斯基兄弟和波羅夫維克兄弟也許是相同的人。

羅夫斯基逃離總部。很快地，總部成員開始分組行動，他們意識到被敵方滲透且逼到絕境，因而朝奧古斯托夫森林（Augustów forest）逃亡，但仍有約二十人留在總部。逃亡的組織成員帶著五架機槍、大量彈藥、一百枚手榴彈和卡賓槍等武器躲入森林；留在總部的同鄉友人則在蘇軍可能的行進路線站崗。

接下來呢？東布羅夫斯基聯繫上岳父，維希涅夫斯基趕緊將情報轉給蘇聯當局，隨後內務人民委員部迅速在比亞維斯托克緊急待命。不久之後，蘇軍以四十輛卡車的陣勢展開進攻，他們將卡車停在十公里外，團團包圍了森林和沼澤地，並慢慢縮小陣勢，進逼總部。唯有從希利尼村（Chyliny）方向來的路是暢通的。站崗的成員睡著了，當他醒來時太陽已經升起，蘇軍距離不到兩百公尺，他轉身狂奔三百公尺來到前哨站報信，於是雙方正式開火。那天是一九四〇年六月二十二日，蘇軍攻勢猛烈——他們沒有任何掩護，像暴怒的野豬般直衝前哨站。他們傷亡慘重，據說有三十六人死亡、九十人受傷；我方是六人死亡，兩人受傷，還有兩名婦女遭殺害……肅清科比諾總部之後發生了什麼事？我問地區指揮官我們該怎麼做，他說別擔心，所有的書和檔案都被銷毀了，蘇軍沒有掌握任何證據，我們沒有危險。蘇軍肅清總部後，在那裡待了整整一週，為的就是尋找武器和檔案。蘇軍襲擊時，我們的人早已將檔案帶走，並將其埋在不遠處的樹下。後來不幸地，蘇軍找到了所有檔案，上面記錄了每個成員的姓名甚至化名，以及曾執行的任務。蘇軍找到名冊後立刻包圍了組織所在的村莊，並逮捕所有的農民，一個個對照名冊：列在名冊上的就關進牢裡，不在名冊上的就放走。「大逮捕」於焉展開，然而我們不能坐以待斃。等到夜幕降臨，我們和所有組織成員盡數離家，向外逃了數公里。兩週裡，我們每個夜晚都在躲藏。[11]

11. Jan T. Gross and Irena G. Gross, eds., *W czterdziestym nas matko na Sibir zesłali*……（London: Aneks, 1983）, pp. 330-332.

七月四日，鮑拉瓦斯基遭到逮捕。他被安排與其他成員對質，並在證詞中指認出六名叛徒——他曾在獄中見過其中一人，而這六名叛徒中，沒有一個是猶太人。當時，鮑拉瓦斯基之前任職單位的經理，一個姓雷維諾維奇（Lewinowicz）的人就在耶德瓦布內。這是整起行動中唯一一個被提到的猶太名字，也是唯一記錄在案的猶太人。[12]

我們還找到了其他的有趣資料。一九四一年年初，科比諾事件後約六個月，比亞維斯托克的蘇聯內務人民委員部最高指揮官米索雷夫上校（Colonel Misiuriew）寫了一份報告給白俄羅斯布爾什維克共產黨（Communist Party of the Bolsheviks of Belorussia，簡稱 CPB）駐比亞維斯托克委員會的黨委書記，後者姓波波夫（Popov）。報告中，米索雷夫概括評估了波蘭反蘇聯地下組織在耶德瓦布內進行的活動，並同時評價了蘇聯內務人民委員部的鎮壓行為。報告中也描寫到許多事件細節：蘇聯剿滅波蘭地下組織後不久即發布聲明，宣稱所有願意現身並承認身分的組織成員都將獲赦免。米索雷夫表示，直至十二月二十五日共有一百零六人出面，「在這百餘人中，我們聘用了二十五人，他們目前仍在做情報工作」。[13]這則情報非常有趣，值得各位讀者密切關注，因為之後我們將在另一個完全不同的資料來源中，再次發現同樣的訊息。無論如何，耶德瓦布內的猶太人完全沒有涉入整起事件中。

12. 斯特勒波茲的受訪者提供了一些可能是線人或叛徒的名單，其中沒有一個是猶太名字（Strzembosz, Uroczysko Kobielno, pp. 10, 11, 12, 15, 16, 19, 21）。馬雷克．維日比茨基（Marek Wierzbicki）在關於西白俄羅斯地區的波蘭—猶太關係著作中寫道：「一九三九至一九四一年，在波蘭民眾中也有公開譴責的現象，尤其在比亞維斯托克省西部波蘭裔居住地區。」（Marek Wierzbicki, “Stosunki polsko-żydowskie na Zachodniej Białorusi（1939-1941）. Rozważania wst pne”〔manuscript, 1999-2000〕, p. 15）吉亞托夫斯基引用了蘇聯內務人民委員部檔案中的許多資料，以說明此地區的波蘭地下組織中並無猶太成員（*W radzieckich okowach*, p. 120）。

13. Jasiewicz, Strzembosz, and Wierzbicki, *Okupacja sowiecka*（1939-1941）, pp. 238-241. 也見 Gniatowski, *W radzieckich okowach*, p. 127。

德蘇戰爭的爆發和
拉茲沃夫大屠殺

The Outbreak of the Russo-German War

and the Pogrom in Radziłów

德蘇戰爭於一九四一年六月二十二日爆發，耶德瓦布內的猶太大屠殺發生在同年的七月十日，在此間約莫兩個星期當中，耶德瓦布內小鎮發生了什麼事？這段期間的主要資訊來源是瓦瑟什塔因的證詞，以及其他證人的評價。確實有些猶太人遭到殺害，但彼時猶太人面臨的主要威脅還不是生命危險，而是暴力和財產掠奪，甚至極度的羞辱——例如波蘭人會在街上抓住猶太男人，命令他們徒手清洗公廁。[1]

一九三九年九月到一九四一年六月，蘇聯軍隊占領波蘭持續長達二十一個月。這段時間對當地居民而言是一場深重的磨難。他們被捲入「蘇維埃化」（sovietization）的進程中，影響遍及所有民族和社會階層的人，來自蘇聯的鎮壓和政治宣傳不斷衝擊波蘭。蘇聯當局拘捕地方上的菁英或將其驅逐出境，逐步「接管」了波蘭人民的私有財產，還鼓吹一場激烈的「世俗化運動」（campaign of secularization），將所有的宗教機構視為攻擊目標。最後，一九四一年夏天，波蘭人們「熱烈歡迎」入侵自己國土的德軍（猶太人除外，因為相較於布爾什維克黨，他們更恐懼納粹），耶德瓦布內的居民也不例外。[2]

一九五三年約瑟夫・索布塔案審理期間，檢方希望重現當地共產主義者切斯瓦夫・庫比茨基（Czesław Kupiecki）遇害時的場景。庫比茨基是蘇聯民兵組織成員，一九四一年夏天，和那一帶許多共產主義者一樣，他的身分立刻被洩漏給德軍。雖然我們無法確認到底是誰指認了庫比茨基，但顯然地自德軍占領該區起，當地民眾就開始協助德軍辨認並恐嚇受害者。

一九四一年六月二十二日，卡羅爾・巴登（Karol Bardoń）[3]在耶德瓦布內的主廣場看見一群渾身是血的人：

1. 與維克多・涅瓦維茨基的對話。涅瓦維茨基在十六歲時從耶德瓦布內逃往維茲納，德軍入侵維茲納後立刻展開大規模屠殺，導致許多平民喪生。
2. 如需閱讀和此主題相關更廣泛的論述，可見本書〈通敵〉一章。

他們站在那裡，舉起雙手。頭一個就是庫比茨基，前蘇聯民兵組織志願者，接著是維希涅夫斯基，蘇聯治下的社區鄉長，第三個是維希涅夫斯基家的蘇聯書記——他們是來自巴爾特基的兄弟，巴爾特基是耶德瓦布內附近的聚落，距離耶德瓦布內大約十公里（毫無疑問，這三人就是先前鮑拉瓦斯基證詞中提及的人物）。[4] 再往後是三名猶太人，其中一位是耶德瓦布內的麵包店老闆，他開的麵包店就坐落在廣場一隅普日茲爾斯卡街上（可能是一九三九年九月歡迎蘇軍到來的人之一），我不認識另外兩個人。德國人圍著六個滿身是血的人，他們面前站著一些手持棍棒的民眾；一名德國人對民眾下令：不要一次打死，要慢慢地折磨他們。我沒看到最後，因為一群德國人圍住了他們。[5]

恐懼的氛圍在耶德瓦布內的猶太人之中逐漸蔓延開來，主要是因為大屠殺的傳聞在鄰近地區已然成真。梅納赫姆・芬克什塔因（Menachem

Finkelsztajn）是來自拉茲沃夫的猶太人，根據他的證詞，一九四一年七月七日，他的家鄉約有一千五百名猶太人慘遭殺害。兩天前，即七月五日，在鄰

3. 卡羅爾．巴登的性格比拉莫托夫斯基案其他被告更鮮明，這在一定程度上也幫助了他的敘事能力，相較於其他被告更能有效傳達自己的意思，內容也更具體。但我認為，他也比其他人更善良；他表達了對自己所作所為的痛徹悔悟。不過在他生命中許多關鍵的轉捩點上，他似乎都「運氣不佳」。在本案的所有被告中，法院對他的判刑最重，但事實上在案發當日他顯然不是最關鍵的人物。我甚至傾向於相信他的說法：那天他幾乎沒有出現在主廣場。他最終被判死刑，主因是他當時已經在服刑了——他因自一九四二年起加入德國憲兵而被判六年徒刑。他的運氣不佳，首先是他來自西里西亞（Silesia），且自幼就能說一口流利的德語。出於這個原因，他自然成為德國人和耶德瓦布內鎮民間的「溝通媒介」，並最終加入了德國的警察機關。他的父親是一名信奉社會主義的鐘錶匠。老巴登在第一次世界大戰時效力奧匈帝國軍隊，之後在鐘錶廠做學徒，工作不穩定，直到一九三六年才定居耶德瓦布內，並在鎮上的工廠上班。一九三九年三月，老巴登又丟了工作，當時他有七個孩子要養活。（MC, SOŁ 123/496-499）

4. 引文中方括號裡為作者加的注解，後文同。

5. MC, SOŁ 123/499. 米奇斯瓦夫．吉爾瓦德提供了類似的證詞：「德國人接管這個地區後，切斯瓦夫．庫比茨基被當地居民毒打一頓後交給德國憲兵隊——他們把他和一些猶太人一起槍斃了。我不知道具體是誰毆打並揭發庫比茨基，因為我當時不在現場，而是事後從其他人口中聽到這些細節。」（MC, SWB 145/34）當時還是個小男孩的尤利安．索克沃夫斯基（Julian Sokołowski）說：「我看見庫比茨基舉著雙手站在一道牆邊，德國人用警棍打他。有些波蘭人和德國人一起，卡利諾夫斯基也打了庫比茨基。前者後來因為加入幫派遭國安部（UB）槍斃。」（MC, SWB 145/193）可參見最高法院對拉莫托夫斯基上訴的裁決：MC, SOŁ 123/296。

鎮翁索什（Wąsosz）已有一千兩百名猶太人遇害。至於耶德瓦布內，芬克什塔因表示在一場為期三天的大屠殺中，約有三千三百名猶太人死於鎮上。芬克什塔因稱行凶者為「地方流氓」，而流氓們的犯行都獲得德軍的默許。芬克什塔因所陳述的人數可能是真實情況的兩倍：我接下來將引用一段很長的證詞，這段證詞以一般文字記錄（而非速記），是他在猶太歷史研究院留下的證詞的一部分。他在其中提到拉茲沃夫的猶太受害人數為八百人，而非一千五百人；而他提到的耶德瓦布內受害者人數也太多了。可是，芬克什塔因口中的驚人數字也恰好反映出慘案的規模之大——遭殺害的不只是區區十幾二十人，而是成百上千人。6

一九四一年六月二十二日，炮火聲震耳欲聾，吵醒了格拉耶沃郡（Grajewo）拉茲沃夫鎮上的居民。二十公里外就是德國邊界，煙霧從那個方向飄來，在地平線上形成了巨大的雲幕，這意味著一股巨大的變化即將發生。德蘇戰爭開打的消息以野火燎原之勢蔓延開來。鎮上的八百名猶太人立刻明白了當前處境之嚴峻。嗜血的敵人正在逼近，所有人都驚恐萬分……六月二十三日，一些猶太人成功逃到比亞維斯托克；剩下的猶太人也都陸續離開鎮上，躲進田野或鄰近村落，以避免與嗜血的敵人打交道——後者對猶太人的清洗計畫已眾所周知。然而，農民對猶太人的態度極其惡劣，他們甚至不讓猶太人進入他們的農場。德國人才剛到達的第一天，農民就不斷詛咒、威脅，試圖趕走這群猶太人。猶太人走投無路，只好回到家中。鄰近的波蘭人開始奚落起有如驚弓之鳥的猶太人，他們佯裝掐著自己脖子，口中唸唸有詞：「現在輪到猶大待宰了」（波蘭語：Teraz b dzie rżnij Jude）。波蘭人對德

6. Voivodeship Jewish Historical Commission in Białystok, 14. IV. 1946, testimony by Menachem Finkelsztajn, "Zagłada Żydów w powiecie grajewskim iłomżyńskim w lipcu 1941r.」IH. 芬克什塔因提供了多份證詞，描述他的經歷，以及此時期拉茲沃夫一帶發生事件。我之後會大篇幅引用他的第二份證詞內容，該證詞的標題為「在拉茲沃夫被毀滅的猶太社群」（Zburzenie gminy żydowskiej w Radziłowie）。

國人則露出另一張奉承阿諛的臉色，還蓋了一座勝利拱門來迎接德軍，拱門上有卐符號、希特勒的肖像和一句標語：「德軍萬歲，德軍將我們從猶太公社中解放出來了！」地方流氓們問的第一個問題是：「我們能殺猶太人嗎？」德國人當然給了肯定的答案。於是他們立即展開迫害猶太人的行動：開始造謠，說猶太人的壞話，進一步挑撥德國人與猶太人之間的關係。德國人殘忍地毆打猶太人，侵占他們的財產，並將搶來的財物分給波蘭人。接著，德國人又下了一條指令：「不要責任何食物給猶太人。」猶太人的處境變得越發悲慘。德國人為了鎮壓猶太人，將他們的奶牛分給了波蘭人。還有一件事廣為人知：失控的波蘭流氓們殺了一個猶太女孩，他們鋸下她的頭，將她的屍身扔進沼澤，首先是雙腿……

六月二十四日，德國人下令所有猶太男性前往猶太教堂旁集合。猶太人立刻明白了這意味著什麼，他們開始從鎮上逃跑，但波蘭人派人看守鎮上所有的對外道路，把逃跑者盡數抓回來。只有一些人成功逃脫了，包括我和我的父親。與此同時，德國士兵當著許多受召集而來的波蘭人面前，為猶太人上「禮儀課」。

德國士兵命令猶太人從教堂和祈禱所裡拿出所有《聖經》和其他宗教經書，並當眾燒燬。如果猶太人抗命，德國人會命令他們打開經書，將經書浸泡在煤油裡，再由德國人點燃。他們命令猶太人圍著巨大的火堆唱歌跳舞。波蘭人則在跳舞的猶太人周圍呲牙裂嘴怒罵，還可以隨心所欲地毆打他們。等到焚燒經書的火堆漸漸熄滅後，暴徒們用韁繩索具將猶太人套在馬車上，然後坐在車上，一邊鞭打、一邊命令他們拉車，猶太人痛苦地拉著馬車環鎮而行。空氣中充斥著淒厲的慘叫聲，伴隨著慘叫聲的是車上的波蘭和德國虐待狂發出的興奮吶喊。波蘭人和德國人繼續聯手折磨猶太人，將他們趕到了附近的小沼澤，命令他們脫光衣服走進去，直到淤泥漫至頭頸。無法照做的病弱老人在遭受一頓毒打後被扔進了更深的沼澤中。

……從這天起，猶太人承受著彷彿無止盡的磨難。波蘭人是主要的施暴者，他們冷血地痛打男人、女人和孩童，一有機會，就挑撥德國人和猶太人的關係。六月二十六日晚上，波蘭人找了一群德國士兵來我們家。這群惡徒像野獸一樣在房子裡散開，四處搜查，看到什麼就砸什麼，然後拿走所有值錢物品，堆放在門前的馬車上。惡徒們歡呼著，用笨重的靴子使勁踩踏被他們摔在地上的物品，還把食糧都扔在煤油桶裡。

波蘭人總是跟在德國人屁股後面，他們的領袖叫亨里克・哲考恩斯基（Henryk Dziekoński），他之後也露出了殘暴的嘴臉，凶殘地四處破壞，砸爛桌子、櫥櫃、燭臺。等到他們砸夠了，停手了，轉而毆打我父親。根本不可能逃得了，因為我們家早就被士兵團團包圍了……

那天晚上，比起皮肉傷和財物毀損更令人痛苦的是我們終於意識到，波蘭人對猶太人日益猖獗的敵意，讓我們陷入一個極其糟糕的境地；而來自波蘭人的迫害，只會越發明目張膽、變本加厲。

翌日早晨，一群頗有聲望的鎮民和我們的熟識友人沃爾夫・什雷朋（Wolf Szlepen）來訪，沃爾夫是一位著名的猶太復國主義者及演說家。大家都盡力安撫我們，然而一切都是徒勞，畢竟還是沒有改變現況的方法。政治宣傳鋪天蓋地……即便我們都相信德國最終會輸掉戰事，但大家都看得出這是一場持久戰。誰能從戰爭中活下來？猶太人就像狼群中的待宰羔羊。而且很明顯地，波蘭人已經磨刀霍霍，就等待展開屠殺。於是我們決定讓母親去懇求當地的神父亞歷山大．多雷格夫斯基（Aleksander Dolegowski）。我們家過去和神父很熟稔，希望他能以社區精神領袖的身分影響波蘭信徒，不要參與迫害猶太人的行動。結果卻讓我們大失所望——神父生氣地說：「每個信徒都知道猶太人——從最年輕的到六十幾歲的都是共產主義者。」並冷冷地表示自己沒有意願站在猶太人這邊。母親苦口婆心地繼續勸告神父，說他的立場是錯的，哪怕真的有人應該受到懲罰，婦女和孩童也肯定是無辜的。母親持續懇求神父阻止波蘭民眾犯下暴行，因為政治局勢瞬息萬變，這些行為將來必定會成為波蘭民族的恥辱。終究，母親沒能打動神父，神父說自己不會為猶太人說任何好話，不然會受信徒們唾棄。猶太人之後轉向鎮上其他有聲望的天主教徒求援，但他們都給出了同樣的回答。

天主教徒拒絕援助猶太人的後果很快就出現了。第二天，一群年輕的波蘭人自發組成了一支隊伍，成員包括：考斯瑪切夫斯基（Kosmaczewski）兄弟（約瑟夫・安東〔Józef Anton〕和列昂〔Leon〕）、菲力克斯・莫達歐維茨基（Feliks Mordaszewicz）、科薩克（Kosak）、路德維卡・維什切夫斯基（Ludwik Weszczewski）等人，他們讓那些受驚的可憐猶太人又一次遭受了身心的巨大痛苦。從早到晚，他們不斷將背著經書的年邁猶太人帶往附近河邊。成群的天主教徒（男人、女人和孩童）跟在這些猶太老人身後。到達河邊後，猶太人被迫將經書丟進水中，還被命令躺下、起身、埋頭入水、游泳，以及做其他的愚蠢動作，圍觀群眾在一旁哄笑鼓譟。劊子手部隊監視著他們的俘虜，一旦猶太人不執行命令就報以毒打。他們還抓來猶太婦女和女孩，命令她們走進河裡弄濕全身。

回程的路上，手持木棍和鐵棒的波蘭青年圍繞著精疲力盡、奄奄一息的猶太人，又給了他們一頓痛打。其中一名猶太人發出抗議，指著惡徒們低聲詛咒：「你們都有罪，而且都會被逮捕。」波蘭人見狀立刻揮舞棍棒，把他打到昏迷。夜幕降臨，這支波蘭部隊轉而騷擾待在家裡的猶太人。他們砸破門窗，將猶太人趕到屋外，報以一頓毒打，直到猶太人都倒在血泊中。婦女、孩童，甚至懷抱新生兒的母親都未能倖免於難。暴徒們時不時將猶太人從家中趕到廣場上毆打。慘叫聲不絕於耳，令人難以承受。波蘭男人、女人和孩童都圍在受害者身旁嘲笑，可憐的猶太人一個個倒下。波蘭人「狂歡」過後，地上躺著無數受重傷、奄奄一息的猶太人，傷亡人數不斷增加。鎮上唯一的波蘭醫生楊．馬祖雷克（Jan Mazurek）拒絕提供傷者任何醫療援助。

情勢日益嚴峻。猶太人成為波蘭人的掌心玩物。德軍已經離開繼續行進，並未下達任何指令，也沒有移交任何權力給波蘭人。

唯一有影響力並能下達命令的是神父，他能在天主教徒間的紛爭中斡旋。可是，當時的情勢已經不僅僅是「沒有人同情猶太人」這麼簡單了。德軍的政治宣傳已滲透波蘭上層階級，並逐漸影響廣大群眾。宣傳文字是這樣的：「是時候找那些害死耶穌基督的人算帳了，他們用天主教徒的血做逾越節的薄餅，他們是世界上所有罪惡的淵藪，他們就是猶太人。停止和猶太人打交道，是時候將這些害蟲和吸血鬼從波蘭大地上徹底清除了。仇恨的種子已落進肥沃的土壤，正是天主教神職人員多年來所培育的土壤。」

此刻，嗜血的暴民彷彿接受了一項歷史賦予的神聖使命——除掉猶太人。占有猶太人財產的欲望比以往更加強烈，無時無刻不在刺激他們貪婪的神經。

德軍已全部撤離，波蘭人覺得自己已掌握起「權力」。七月六日中午，鄰鎮翁索什的許多波蘭人來到耶德瓦布內。猶太人立刻知道，來訪的波蘭人已經用棍棒和小刀凶殘地殺害了翁索什的所有猶太人，一個活口也沒留下，哪怕是婦孺。恐慌在鎮上蔓延開來，這是一個象徵毀滅的悲劇信號。所有猶太人，無論老幼都立刻朝田野和森林逃亡；沒有任何天主教徒願意窩藏猶太人或提供任何援助。我們一家也逃進了田野，天色變暗後，我們躲進了麥田。下半夜時，不遠處傳來了低微的呼救聲。我們盡力不發出聲音，因為我們知道，就在附近，有一個猶太生命正掌握在別人手裡。呼救聲愈來愈微弱，最終消失。雖然我們心情激動萬分，卻一句話都沒說。因為不論說什麼都無法壓下心中的巨大恐懼，我們只能選擇沉默。我們確信一些猶太人被殺害了，誰殺了他們？波蘭凶手——來自地獄的骯髒雙手；被殺戮掠奪的獸性本能徹底侵蝕的人們；受反動神職人員數十年來灌輸種族仇恨的盲目信徒。為什麼這麼做？我們做錯了什麼？這是一個最令人痛苦的問題，它不斷折磨著我們，而我們無處控訴。猶太人能向誰證明自己的無辜，傾訴歷史的不公平？清晨，波蘭人四處散有假消息：來自翁索什的殺人犯已經被趕走了，猶太人可以安心回家。精疲力竭的猶太人信以為真，於是穿過田野，走回鎮上。然而，一幕令人渾身戰慄的景象隨即映入他們的眼中：

摩西・雷茲內爾（Moses Reznel）及其女兒的屍體（前一天晚上，我們聽到的就是兩人遭殺害時的呼救聲）被拖進鎮裡，隨後被帶往主廣場——之後，正是在這個廣場上，波蘭人處決了全鎮的猶太人。看到這對被波蘭殺人犯亂棍打死的父女，所有的波蘭人，不論男女老幼都開始奔跑，臉上洋溢著喜悅的笑容，這一幕在旁觀者眼中簡直是可怖的奇景。波蘭人在掩埋屍體前，猶太女孩突然睜開眼坐了起來，顯然之前只是被打暈了。但殺人犯們毫不在意，將她和她父親的屍體一起埋了。

新的鎮政府由神父、醫生、社區前書記斯坦尼斯瓦夫．格日考夫斯基（Stanisław Grzymkowski），以及一些頗有名望的波蘭人組成。一個猶太代表團前往鎮政府，請求他們出面阻止鎮上暴徒的所作所為。鎮政府官員表示對此無能為力，讓猶太人直接找波蘭暴徒談判。暴徒們說猶太人要補償他們，只有這樣才放過所有人。猶太人想抓住一線生機，於是送給沃爾夫．什雷朋及其狐群狗黨各種值錢物品：瓷器、西裝、縫紉機、金銀製品等等，還答應上繳所有藏起來的牛。但一切都是殺人犯精心策畫的鬧劇，拉茲沃夫的猶太人注定難逃厄運。正如我們之後所知道的，波蘭人提前一天就知道猶太人會在何時、如何遭到清洗，但沒有人……

芬克什塔因在這段陳述之後，用鉛筆寫了半頁文字，其中關於拉茲沃夫猶太大屠殺的文字都已看不清了。接下來的一頁，即最後一頁，也保存得不夠完整。芬克什塔因以下面這段話為整段陳述畫上了句點：

波蘭人的所作所為究竟多可怕？連德國人都發出聲明表示波蘭人做得太過火了。德國人後來還「拯救」了十八名猶太人，他們躲起來逃過了屠殺。其中一名八歲男孩本來已經被活埋，甦醒後拚命從地下爬出來……拉茲沃夫的猶太聚落存在五百年後，徹徹底底地從世界上遭抹除了。隨著猶太人的消失，鎮上所有與猶太民族、宗教相關的事物也相繼摧毀殆盡——學習室、教堂、墓地。[7]

六十年後，芬克什塔因的陳述被證實了。二〇〇〇年七月，一位年老的拉茲沃夫居民（他堅持匿名）道出大屠殺的回憶：「不論是這天（大屠殺當天）還是第二天，我都沒有看到任何德國人進入拉茲沃夫。只有一個憲兵站在眺望臺上看著這一切。但都是我們的人幹的。事實上在前一天，也就是七月六日那天，很多翁索什的人乘著馬車來到拉茲沃夫。翁索什在前一天已經發生了一場屠殺。」另一位來自拉茲沃夫鄰近社區的波蘭老人斯坦尼斯瓦夫・拉莫托夫斯基（Stanisław Ramotowski）也證實，波蘭人其實前一天就知道會爆發大屠殺，消息來源是來自切爾沃恩基（Czerwonki）的馬利諾夫斯基（Malinowski）。因此他才能事先通知並救援一些猶太友人，其中還包括他未來的妻子。[8]

大屠殺的結果就是，許多鄰近村鎮的猶太人包括我的受訪人之一維克多・涅瓦維茨基（Wiktor Nielawicki），在那段時間都前往耶德瓦布內尋求庇護。涅瓦維茨基來自維茲納，德軍入駐維茲納後立刻處決了大多數猶太男性。由於維茲納的猶太人不是哈西笛[9]，長相也很接近波蘭人，德軍需要當地波蘭線人提供情報，才能辨別目標。德軍從轟炸後未毀損的屋舍中搜捕出大約七十名猶太男性（德軍的轟炸目標是鎮廣場附近猶太人集中居住的區域），並將這群男人擊斃在附近的壕溝中。許多猶太家庭躲藏在斯雷波瓦斯卡街（Srebrowska Street）一位鐵匠家中，德軍又在那裡射殺了十餘人。猶太人瘋

7. ŻIH, 301/974. 芬克什塔因的意第緒語證詞收錄於格拉耶沃郡猶太人紀念冊中，在這份證詞中，他描述了一些不太一樣的細節；他在證詞最後寫道：「拉茲沃夫的猶太人首先被召集到廣場上遭到毒打，其中一些被殺害，剩下的人被帶往米特考夫斯基（Mitkowski）所有的一處偏遠穀倉中，並在那裡被燒死。」（Grayeve yizker-bukh, ed. G. Gorin, Hayman Blum, and Sol Fishbayn〔New York: Aroysgegebn fun Fareyniktn Grayever hilfs-komitet, 1950〕, pp. 228-231）芬克什塔因對屠殺過程的描述如下：首先是廣場上的猶太人遭到冷血毆打，接著所有猶太人——大約「六十個多代同堂的家庭，包括孩子、父母和祖父母」被趕進穀倉焚燒。這段描述在安傑伊．卡琴斯基對一位匿名波蘭人的採訪中獲得證實，見Rzeczpospolita, July 10, 2000, "Nie zabijaj"。我要感謝胡賽．古斯坦（Jose Gustein）律師，他是拉茲沃夫猶太家族的後代，感謝他為我翻譯了芬克什塔因的意第緒語證詞。

8. *Rzeczpospolita*, July 10, 2000, "Nie zabijaj."

9. 編注：高度遵從猶太教律法且和世俗及異質文化有意識地保持距離，故也有極正統猶太教之稱。

狂地四處逃竄，試圖尋找相對安全的藏身處，許多人最終選擇了耶德瓦布內。

涅瓦維茨基也是逃亡者之一，他與父母一起逃到了耶德瓦布內的舅舅佩茨諾維奇（Pecynowicz）家中。「耶德瓦布內當時還很平靜。」他在耶德瓦布內回憶錄中寫道。猶太社群的領袖送給沃姆扎主教一座銀燭臺，希望可以得到教會的許諾，即教會不會允許大屠殺在耶德瓦布內發生，而且會代表猶太社群干涉德軍的行動。「是的，主教確實遵守承諾一段時間。但猶太人太過相信他的承諾，根本聽不進其他善意的非猶太鄰居所發出的警告。我告訴舅舅和他富有的兄弟厄里亞（Eliyahu）維茲納的慘況，但他們根本不相信我。『就算那裡發生了這種事情，』他們說，『耶德瓦布內也是安全的，因為主教已經答應會保護我們。』」[10]

10. *Yedwabne*, p. 100. 涅瓦維茨基的舅舅（與涅瓦維茨基的對話，二〇〇〇年 二月）也和猶太代表團一起前往沃姆扎。這種請託並非沒有先例。一九四一年夏天德軍入侵利沃夫（Lwów）之後，大屠殺席捲了這座小鎮，當地的猶太教拉比拜訪鎮上希臘拜占庭禮天主教會的主教謝普提奇（Metropolite Andrzej Szeptycki），懇求他阻止這場屠殺。

準備

Preparations

同一時間，耶德瓦布內的鎮政府正在重組。馬里安・卡羅拉克（Marian Karolak）成為鎮長，他最親近的共事者有瓦西萊夫斯基（Wasilewski）和約瑟夫・索布塔。[1] 我們至今仍無法詳細列舉鎮政府在那段時間裡所做的事，唯一可以確定的是，他們與德軍協商並最終對耶德瓦布內的猶太人展開屠殺。

當地的波蘭人很清楚即將發生的事（一如拉茲沃夫的波蘭人提前知道大屠殺的爆發）。涅瓦維茨基的表妹朵拉・佩茨諾維奇（Dvojra Pecynowicz）和米特克・奧歇維克（Mietek Olszewick）（後來藏身維日考夫斯基〔Wyrzykowski〕家中的七名猶太人之一）都收到來自波蘭友人的警告：一場大災難即將來臨。十六歲的涅瓦維茨基力勸舅舅嚴肅看待警訊，但長輩們嘲笑他胡思亂想，並指出猶太人已在德軍占領的華沙生活了兩年。事實上，早在屠殺展開前，許多居民肯定都已得到確切消息，否則鄰鎮的波蘭人不會在七月十日不約而同聚集在耶德瓦布內，就像來趕集一樣（而那天並非趕集日）。[2]

七月十日的耶德瓦布內猶太屠殺，即是由鎮長馬里安・卡羅拉克一手策畫，幾乎每一份證詞中都有這個名字。他向所有人下達命令，自己也全程參與了屠殺行動。他絕對是主導這場悲劇的惡魔。其餘被指控為主謀的人，也都是鎮議會的成員。道路看守員米奇斯瓦夫・吉爾瓦德（Mieczysław Gerwad）扼要地指出毛骨悚然的凶手群：「整個鎮議會都參與了這場屠殺。」[3]

1. 索布塔堅持自己並未在鎮政府擔任公職，只是偶爾過去修理雜物。但是不少證人稱他為鎮長卡羅拉克的「副手」或鎮議會的「書記」（可以參考拉莫托夫斯基和吉爾瓦德的證詞，MC, SWB 145/217, 226）。索布塔最後獲判無罪，如前文解釋是因為無法將他和庫比茨基的死找到關聯，但有充分證據顯示他在耶德瓦布內大屠殺中扮演著領導角色。他的名字也屢屢出現在拉莫托夫斯基案的證人和被告證詞中，例如拉莫托夫斯基、高爾斯基、涅布日多夫斯基、勞丹斯基、米茨尤拉、赫扎諾夫斯基和東布羅夫斯基等人的證詞。（MC, SOŁ 123/610, 611, 615, 618, 653, 655）
2. 佩茨諾維奇兄弟和奧爾歇維奇的父母都忽略了孩子和侄子的警告。老一輩人無論如何都無法接受世界末日隨時可能降臨的事實。年輕人藏在田野中度過了一夜，清晨時分，他們看見波蘭農民步行或乘馬車進入小鎮，一種只有在趕集日才會出現的景象。一段時間之後，大屠殺就開始了。（*Yedwabne*, p. 100; conversation with M. Olszewicz, October 1999.）
3. MC, SWB 145/218.

最初是誰先提出大屠殺行動——德軍（如瓦瑟什塔因所說的「命令是由德國人所下達」）？抑或耶德瓦布內鎮議會成員？如今已經無法追究清楚，但這也是一個學術問題，因為雙方顯然在這件事及實施手段上迅速達成了共識。「我在哥哥齊格蒙特．勞丹斯基（Zygmunt Laudański）的指示下，開始為耶德瓦布內憲兵隊工作。」陳述者是耶日．勞丹斯基（Jerzy Laudański），事發時他只有九歲，是當時最年幼也最殘暴的行凶者之一。以下是他的陳述：

一九四一年的某天，四、五個蓋世太保乘著車來到鎮裡，他們在鎮政府談話，我們不知道他們在談些什麼。過了一段時間，鎮長叫我們把所有波蘭居民召集過來。叫來居民之後，鎮長命令他們把猶太人趕去主廣場，假裝讓猶太人服勞役，大家照做了。那時我也參與了這場行動。[4]

許多資料都證實蓋世太保曾來到耶德瓦布內，儘管細節上不盡相同，例如是在大屠殺當天來的還是前一天？「在大屠殺開始之前，」卡羅爾・巴登寫道，「我在耶德瓦布內鎮政府前看到蓋世太保，但我不記得是在大屠殺當天還是前一天。」[5]亨里克・克里斯托夫奇克（Henryk Krystowczyk）也告訴我們，鎮議會「與蓋世太保簽署了關於燒死猶太人的協定」是，但他並未親眼目睹此事，只是重複了「從很多人」口中聽來的訊息。[6]我們也無法再從其他證人或參與者口中得知任何關於這份協定的資訊，因為唯一留下證詞的鎮議會成員是約瑟夫・索布塔，而他的證詞中可用資訊實在不多。無論如何，鎮議會和德國人在謀殺耶德瓦布內猶太人一事達成了共識是不爭的事實。

至於共識達成過程的具體細節是我們要討論的第二件事。耶德瓦布內的

4. MC, SOŁ 123/665.
5. MC, SWB 145/506.

波蘭人已經清楚表明對「鄰人」的殺意——不僅體現在鎮議會成員與德國人的談話，還體現在居民的實際行動上。德國人很可能給了鎮政府一段時間，在這段時間裡可以對猶太人為所欲為。如果參考我在後文引用的一名憲兵長官的憤怒申斥，那麼協議的期間應該是八個小時。[7]然而，我們想盡可能詳細理解的是以下的問題：德軍在大屠殺行動中具體扮演著怎樣的角色？當天有多少德國士兵待在鎮上？他們做了什麼？

德國憲兵隊在耶德瓦布內設有一個前哨站，由十一人組成。[8]我們可以根據不同的資料來源推斷，屠殺行動的當天或前一天，一群蓋世太保乘車抵達鎮上。約瑟夫·日盧克（Józef Żyluk）的證詞中「我當時正在鍘乾草，耶德瓦布內鎮長從草原走過來對我說：『去把所有猶太人帶到廣場上。』然後我就跟他一起去了。」[9]

在我們收集到的資料中，「憲兵們」一詞（或更常出現的「一名憲兵」）會頻繁出現，用來解釋為何拉莫托夫斯基案的部分被告會出現在主廣場和

6.「歐根紐什．希里維奇（Eugeniusz Śliwecki）當時是副鎮長，和鎮長一起與蓋世太保簽下一份燒死猶太人的協議……關於市長和副市長簽協議這件事，我是從別人口中聽來的。」（MC, SWB 145/213）我想特別指出，一九四一年七月十日猶太大屠殺事件是鎮民時常談論的話題。因此，人們對於即使未親眼所見的細節也十分清楚。例如亨里克．克里斯托夫奇克就寫道：「當地居民常常談起在希里維奇穀倉發生的屠殺，他們會討論誰在這場屠殺中表現得最積極。」（MC, SWB 145/235）即便是今日，我們依然能在耶德瓦布內的酒吧聽見人們（大多為二戰後出生）談論這些事（也見Andrzej Kaczyński, "Ca.opalenie"in *Rzeczpospolita*, May 5, 2000）。我認為，當人們在一個小鎮上不斷討論誰以何種方式殺了多少猶太人，那麼他們恐怕就再無暇談及其他的話題。因此，耶德瓦布內鎮民彷彿受到了「點金術」（Midas touch）的詛咒：猶太人和大屠殺永遠縈繞於他們的記憶之中（而他們想要徹底擺脫的恰恰是猶太人的身影）。安托莎．維日考夫斯卡表示即使在戰爭結束多年之後，當她再次造訪這座小鎮時內心仍然充滿恐懼。

7. 關於瓦瑟什塔因和格勞多夫斯基證詞中提到的對話（他們只是重複了從別人口中聽來的話，因為他們當時並不在場），我們只能從中推測一點，即德軍究竟有無提出放一些猶太工匠活路的建議？以及他們是否被布羅尼斯沃夫「波蘭人的工匠夠多了」的回應說服？涅瓦維茨基在前往穀倉的路上逃脫，他講述了另一版本的故事，根據他的版本，德國人是在穀倉附近提出這個建議。據說當時波蘭人許諾未來將為德軍效力，而勞動力將全部來自波蘭人（與涅瓦維茨基的對話，二〇〇〇年二月）。亞當．威爾瑪（Adam Wilma）的採訪對象中，一名年邁的波蘭農民列昂．茲茲克（Leon Dziedzic）也證實了此說法（不過他也是從別人口中聽來的），見*Gazeta Pomorska* on August 4, 2000。

8. 人數來自卡羅爾．巴登，他曾在德國憲兵站工作，後來也成為一名憲兵。涅瓦維茨基估計鎮上的警力約十人左右（MC, SOŁ 123/505; 與涅瓦維茨基的對話，二〇〇〇年二月）。

9. MC, SOŁ 123/621.

穀倉附近。因此，在一份更典型的證詞中，切斯瓦夫・利品斯基（Czesław Lipiński）在法庭上陳述尤雷克・勞丹斯基（Jurek Laudański）、歐根紐什・卡里諾夫斯基（Eugeniusz Kalinowski）和「一個德國人」來找他的過程，以及他們如何一起把猶太人召集到廣場上[10]；卡羅拉克和瓦西萊夫斯基另外找來菲力克斯・塔納茨基（Feliks Tarnacki）看管猶太人，一名猶太倖存者證詞指出塔納茨基「和一個蓋世太保一起把我趕到廣場上」。[11]這天，憲兵站雇了瓦迪斯瓦夫・米茨尤拉（Władysław Miciura）來做一些木工，其中一名憲兵叫他「去廣場上看守猶太人」。不過，德國憲兵獨自下令讓某人參與行動的情況僅此一例。憲兵通常會和鎮議會成員一起巡視。[12]

現在，讓我們來了解這起大屠殺事件發生時更廣義的背景。當時，在耶德瓦布內掌管生殺大權的無疑是德國人。未經他們的許可，不可能進行任何持續且有組織的活動。[13]德國人是唯一能決定猶太人命運，也隨時可以阻止大屠殺的關鍵角色。但他們沒有介入。就算他們曾建議波蘭人放過一些猶太家庭，也肯定沒有提出若不照做就嚴懲的警告，因為所有的猶太人最終都遭到殺害。最諷刺的是對猶太人而言，德國憲兵站竟然成為案發當天鎮上最安全的地方，一些猶太人得以倖存下來，僅僅是因為他們當時剛好人在憲兵站。但毫無疑問地，如果德軍未曾占領耶德瓦布內，鎮上的猶太人也極可能不會遭受鄰人的屠戮——這個結論並非毫無意義，耶德瓦布內猶太人的悲劇是希特勒對猶太人發起的殘暴戰爭中的一段插曲。然而我們必須承認，一九四一年七月十日耶德瓦布內的猶太屠殺中，德國人的直接參與極為有限，他們僅僅在一旁按下了快門。

10. MC, SOŁ /.
11. MC, SOŁ /.
12. MC, SOŁ /.
13. 約瑟夫．達諾夫斯基在一九五三年國安部安排與索布塔的對質中表示：「德國人也參與了行動，但他們只是發號施令，或是對波蘭人做的各種決定表示同意。」（MC, SWB /）。

誰殺了耶德瓦布內的猶太人？

Who Murdered the Jews of Jedwabne?

愛德華·斯萊辛斯基（Edward Ślleszyński）說：「許多猶太人被燒死在我父親（布羅尼斯沃夫·斯萊辛斯基）的穀倉中。我沒有親眼看到，因為那天我一直待在烘焙室裡。後來才從鎮上其他居民口中得知，全程都是波蘭人動手，德國人只在旁邊拍照。」[1]貝萊斯瓦夫·拉莫托夫斯基說：「我要強調的是，德國人並未參與這場屠殺。他們只是站在一旁，拍下記錄波蘭人虐殺猶太人的照片。」[2]米奇斯瓦夫·吉爾瓦德說：「波蘭人謀殺了猶太人。」[3]

尤利婭·索克沃夫斯卡（Julia Sokołowska）當時是德國憲兵隊的廚娘。調查拉莫托夫斯基案期間，她也接受了訊問。她在一九四九年一月十一日做出以下證詞：

一九四一年，德軍入侵波蘭領土之後才幾天，耶德瓦布內的波蘭人就夥同德國人開始殘殺猶太鄰人。他們聯手殺害了超過一千五百名猶太居民。不過，我並沒有看到任何德國人毆打猶太人。德軍甚至把三名猶太婦女帶到憲兵站，向她們保證她們不會被殺。一名憲兵指示我把那些婦女安置在一個房間，並提供食物給她們，於是我為她們做了些吃的。屠殺結束之後，這些婦女就被釋放，她們住進了憲兵隊附近的房舍，開始為憲兵站工作。這段時期，德國人沒有打過猶太人；波蘭人卻屠殺猶太人。德國人只是站在一旁拍了照片，並向世人展示波蘭人如何殘忍殺害了猶太人。[4]

索克沃夫斯卡接著歷數參與屠殺的十五人及其家族名（例如父子或兄弟）。她指出當時誰用木棒打了猶太人、誰用了「橡膠（短棍）」，她還補充一個德國人「參與」事件的有趣細節：「我那時是憲兵隊的廚娘。我看見歐

1. MC, SOŁ 123/685.
2. MC, SOŁ 123/727.
3. MC, SWB 145/218.
4. MC, SOŁ 123/630.

根紐什・卡里諾夫斯基來找憲兵隊指揮官，請指揮官分配一些武器給他，因為『他們』不願意去——他沒有明說到底是誰不願意去。指揮官立刻起身表示不會給他武器，並說：『你想做什麼就去做吧』。卡里諾夫斯基隨即轉身跑回鎮上，繼續追殺猶太人。」[5]

有趣的是，四個月後，也就是五月，法院公開審理對拉莫托夫斯基及其共犯的指控時，證人的態度有了天翻地覆的變化。如前文所提到的，被告們在庭審期間只提供了很少的陳述，並在法庭上紛紛表示自己被刑求逼供。索克沃夫斯卡也極不願意出庭作證，還說出了這段非比尋常的證詞：「案發當天，我為六十名蓋世太保做了晚餐，他們是從其他前哨站來的。」[6]這是我們第一次聽說大屠殺當天，有這麼多德國士兵在耶德瓦布內。提供此證詞的人要燒出這麼一大桌的料理，按理說不會記錯。

對於索克沃夫斯卡和被告群態度上的轉變，我沒辦法做出令人滿意的解釋。畢竟，不論是在一九四九年五月沃姆扎法庭上，還是四個月前的調查羈押期間，他們都只能聽任警察的擺布。但另一方面如我們所知，對當局而言此案並非一起重點案件；而被告的親友都互相熟識，他們很快就意識到（辯護律師為同一人）先前的口供會坐實自己的罪名。除此之外，他們在開庭前有很多時間可以各種手段向其他證人施壓，畢竟這是一個很小的群體社會。

德軍占領的最後數年間，頗具規模的波蘭民族主義地下組織「民族武裝部隊」（Narodowe Siły Zbrojne, NSZ）在耶德瓦布內一帶非常活躍，因此許多人直到戰後多年依然「待在樹林裡」。即便在「人民的波蘭」（波蘭人民共和國）成立之後，殘酷的「類內戰」（quasi-civil war）仍在比亞維斯托克持續達數年之久。例如一九四八年九月二十九日，一支號稱「退伍老兵」（Wiarus）

5. MC, SOŁ 123/631. 巴登（見後文）、涅瓦維茨基和庫布若恩確認當時身處德國憲兵站的猶太人都保住了性命（*Yedwabne*, p. 107; 與涅瓦維茨基的對話，二〇〇〇年二月）。涅瓦維茨基同時作證，大屠殺過程並未使用槍枝，也沒看見身穿制服的人對猶太人痛下殺手。

6. MC, SOŁ 123/210.

的民兵部隊就占領了耶德瓦布內數小時。[7]官方宣布二戰結束後的很長一段時間裡，波蘭共產黨的祕密警察和「樹林裡的男孩們」依然很懼怕這一帶的居民。我們很容易想像，一名上了年紀的廚娘——即在鎮上地位卑微之人，極有可能在壓力下更改證詞，畢竟原本的證詞將會牽連鎮上大多數居民。[8]除此以外，正如我們知道的，沃姆扎國安部檢方對這起案子並不放在心上。

不過，無論索克沃夫斯卡是否曾被施壓，她在庭上的證詞並非無人質疑。一九四九年八月九日，案件中唯一獲判死刑的被告卡羅爾．巴登對先前在沃姆扎地方法院的上訴做出了「補充陳述」：

庭審過程中，證人尤利婭．索克沃夫斯卡，耶德瓦布內憲兵站的前廚娘表示猶太大屠殺當日，有六十名蓋世太保和同數量的憲兵駐留鎮上，她還為他們做晚餐。這份陳述是偽證，因為那天我就在憲兵站的院子裡工作，我沒有看到任何蓋世太保或憲兵。我去了（當地一名貴族的）莊園裡的工具房好幾次，也經過聚集猶太人的主廣場，都沒有看到任何蓋世太保或憲兵。另外，她說自己用一只小爐子為六十名男性準備晚飯，這也是很荒謬的說法。

開始屠殺猶太人之後，一些鎮民衝進憲兵站的院子裡，試圖抓走三名

7.「退伍老兵」部隊進入耶德瓦布內，當地的民兵被迫展開自衛。在此期間，「退伍老兵」成員洗劫了當地企業、鎮政府和郵局，部隊成員還對耶德瓦布內鎮民發表了簡短的演說，呼籲鎮民反抗政府。（Henryk Majecki, *Bidostocczyzna w pierwszych latach władzy ludowej 1944–1948*〔Warsaw: PWN, 1977〕, p. 181）

8. 二次大戰後，許多反德游擊隊仍然活躍，並將矛頭指向共產黨支持的政府機關，例如民族武裝部隊（NSZ）、民族軍事組織（NOW）和民族軍事聯盟（NZW）在這一帶最為活躍。他們殺害無數的猶太人、共產黨人及對其有威脅性的人。我在前文曾引用弗拉切克的博士論文（Formacje zbrojne obozu narodowego na Bia.ostocczy.nie w latach 1939-1956”），論文中提供了前述游擊隊的大量戰後活動資訊（見pp. 150-151, 187, 194, 254, 297），我們得知游擊隊的受害者中包括尤利婭．卡羅拉克（Julia Karolak）及其女，尤利婭為鎮上一家店鋪老闆娘。一九四五年九月二十四日，卡羅拉克母女遭一名代號「禿鷲」（S.p）領導的部隊殺害（p. 385）。究竟是搶劫未遂而謀財害命抑或一場預謀的清算，目前仍無法斷言，但小鎮上的每個居民在戰後必然都感覺到，反共地下組織意圖展開的是「懲罰」，其中包括「死刑」。正如湯瑪斯．斯特勒波茲所寫：「這片土地上……戰爭所持續的時間並不是五年或六年（1939-1949、1939-1945），而是十年甚至十三年（1939-1949、1939-1952），在某些地方甚至更長……距離別布扎（Biebrza）河沿岸和耶德瓦布內不遠處有一座耶茲奧克（Jeziorko）小鎮；一九五七年，一名來自比亞維斯托克的游擊隊（代號為「魚」〔Ryba〕）在該處遭殺害。」（Strzembosz, "Uroczysko Kobielno," p. 5）

正在劈柴的猶太人，當時我正在維修一輛汽車。接著，憲兵站的指揮官阿達米（Adamy）走出來說：「難道八小時還不夠你們對猶太人為所欲為嗎？」綜上所述可以清楚得知，猶太屠殺並不是由蓋世太保執行的，因為我在那天並沒有看到他們。殘殺猶太人的是鎮長卡羅拉克領導下的當地鎮民。[9]

三年後，卡羅爾．巴登在一部非常有趣的自傳中重新提起了這個片段——他後來把這部自傳作為上訴的資料之一，寄給波蘭人民共和國的總理。巴登在自傳中以一個完全不同的角度切入事件：「憲兵站的院子裡有很多附屬建物，如果有六十名蓋世太保和六十名憲兵來到鎮上參與屠殺，其中一些人必定會出現在院子裡。」接著他以這句話結束整部自傳：「屠殺發生當天，我三次步行前往距離憲兵站約三百五十至四百公尺的工具房，連晚餐時間也在街上來回奔走，但不論在街上還是廣場上的人群中，我連一個陌生人都沒見到。」[10]我認為，一個尋求緩刑的囚犯不會僅僅為了得到波蘭總理的同情，就將這些事寫進上訴書中。如果真是為了這個目的，指認德國人而非其同胞殺害了猶太人，顯然會更有效。

據我統計，本書所引用的文獻資料共提到了九十二個參與耶德瓦布內猶太大屠殺的人名（而且大多附有地址）。也許並非每個人都該被貼上殺人犯的標籤——畢竟，沃姆扎法庭起訴的被告中就有九人最後獲判無罪。[11] 當時，在廣場上看守猶太人的多數居民很可能就只是站在那裡，並沒有參與任何暴力行動；[12] 但我們也清楚，這些被提及姓名的人只是當時在場者的一部

9. MC, SOŁ 123/309，巴登在他寫於一九五二年的自傳中更詳細描述了這個片段。他表示此事發生於傍晚時分，當時穀倉已經被點燃。突然間，憲兵隊的院子裡「出現了三個我不認識的人，其中一名青年奪下一名猶太人的柴刀，並把他強押往廣場；另外兩個劊子手分別去抓剩下的猶太人。憲兵站的指揮官阿達米聽到院子裡傳來尖叫聲，隨即衝出來說：『八小時還不夠你們對猶太人為所欲為？居然敢跑到這裡來。滾出去！』他將暴徒們趕出憲兵站，兩名劈柴的猶太人得以留下，但另一人已經被帶走了。」（MC, SOŁ 123/504, 505）

10. 巴登在這段話之前寫道：「我一整天都與多姆布羅夫斯基（Dombrowski）在院子裡工作，並沒有看到任何陌生的憲兵或蓋世太保。」（MC, SOŁ 123/506）

11. 指約瑟夫．索布塔和拉莫托夫斯基案的八名被告。

分，而非所有人。「聚集在廣場的猶太人周圍，」拉莫托夫斯基案的另一被告瓦迪斯瓦夫．米茨尤拉陳述，「有很多人，不僅是耶德瓦布內的居民，還有從附近趕來的人。」[13]勞丹斯基（父親）告訴我們：「人太多了，我大多不記得名字了，我想起來再說。」[14]勞丹斯基和兩個兒子當天非常活躍。猶太人被成群趕往穀倉（之後在那裡被燒成灰燼）時，參與犯罪的隊伍不斷擴大。正如貝萊斯瓦夫．拉莫托夫斯基所言，「趕他們去穀倉時，我幾乎看不清道路，周圍全是人。」[15]

被告們在戰時全都住在耶德瓦布內，卻無法指認多數的參與者，因為當中很多人是在當天湧入鎮上的鄰鎮農民。「從很多我根本不曾聽說的小鎮來了許多農民，」米茨尤拉解釋，「大多數是年輕男人，他們非常享受圍捕和折磨猶太人的過程。」[16]

換言之，有大量民眾積極參與了這起大屠殺。「大屠殺」的意義來自兩個層面：既有大量受害者，也有大量的加害者。九十二名參與者涉及這場屠殺，他們是成年男子，也都是耶德瓦布內鎮民。這個數字代表了什麼？

我們知道，耶德瓦布內在戰前共有約兩千五百名居民，猶太人就占了三分之二。如果將波蘭裔人口按性別分成兩半，那麼男性波蘭居民不論老幼就有四百五十人；如果再將這個數字分成兩半就能得出結論：約有五〇%的耶德瓦布內成年男性居民受指控為大屠殺的參與者。

屠殺如何著手執行？根據一位至今仍健在的耶德瓦布內鎮民所言，這是一起極其殘忍的事件。阿格涅絲卡·阿諾德訪談過的耶德瓦布內藥劑師（我在前文曾引述）幾乎一字不差地重複了我們已從其他證人口中聽到的證詞：

---

12. 被告切斯瓦夫·利品斯基陳述：「我手裡拿著木棍，在廣場上坐了差不多十五分鐘，由於我不忍直視屠殺場景，就回家了。」但他在回家的路上肯定在哪裡停下腳步，並參與了當天的暴行，因為在這起案件中，不可能有人僅僅因為「拿著木棍」在廣場上坐了十五分鐘，就判處十年刑期。（MC, SOŁ 123/607）
13. MC, SOŁ 123
14. MC, SOŁ 123/668.
15. MC, SOŁ 123/726.
16. MC, SOŁ 123/620.

「一位名叫考茲沃夫斯基（Kozłowski）的紳士告訴我的，他已經過世了。他生前是個肉販，一個非常正派的好人。他的女婿在戰前是一名檢察官，家世很好。考茲沃夫斯基告訴我，接下來要發生的事，我們不應該去看。」[17]另一位年老的波蘭婦人哈利娜·波皮奧韋克（Halina Popiołek）在當時還只是個女孩，她接受《波斯卡報》（*Gazeta Pomorska*）記者採訪時，特意用「什麼都沒看到」作為開場白。但她做了相當詳細的陳述：「他們砍猶太人的頭或用刺刀刺死時我不在場，我也沒看到波蘭人如何命令猶太人走進池塘溺死自己。但我母親的姊姊看到了。她回來講述這一切時淚流滿面。我看到他們命令猶太男孩推倒列寧的紀念碑，男孩們被逼迫拖著紀念碑邊走邊喊『戰爭因我們而起』。我看到他們在猶太教堂裡用棍棒毆打並殺害猶太人；還看到遍體鱗傷的萊維紐克（Lewiniuk）——他當時還有呼吸，卻被活埋了……他們把猶太人趕進一間穀倉，把煤油倒在穀倉四周。一切只發生在兩分鐘內，那淒厲的慘叫聲……至今仍然迴繞在我耳邊。」[18]

可以說，並不只有殘殺猶太人的場景不堪卒睹。身受折磨的人們發出的慘叫聲、燒焦身軀所散出的氣味，都同樣令人戰慄。波蘭人對耶德瓦布內猶太人的屠戮持續了整整一天，案發現場甚至沒超過一座體育場大小。在斯萊辛斯基的穀倉中，多數受害者於當天下午被燒死，而穀倉距離鎮中心的主廣場不過一箭之地；還有許多受害者在猶太墓地裡受刀砍、棒打、石砸至死，墓地與主廣場也只相隔一條小徑。因此我們可以判斷，當時每個身處鎮上，無論是看到、聞到或聽到屠殺進行的人，都參與或見證了耶德瓦布內猶太人的慘死。

17. *Where Is My Older Brother Cain?*, p. 490，一位老婦人布羅尼斯沃娃．卡利諾夫斯卡在拉莫托夫斯基案證人席上陳述：「一九四一年，德國軍隊踏上耶德瓦布內的土地上之後，當地民眾就開始謀殺猶太人，而且他們折磨猶太人的方式實在不堪入目。」（MC, SOŁ 123/686）阿達姆茨克女士（Mrs. Adamczyk）在案件發生時還是個小女孩，那天家人讓她待在家裡。我與她談話時，她以一種非常誇張的姿勢搔著頭，努力回想那天窗外傳來的淒慘叫聲以及焚燒中屍體發出的惡臭（也見前文提及的文章“Ca.opalenie”, in the May 5, 2000, issue of *Rzeczpospolita*）。

18. Adam Wilma, “Broda mojego syna,” *Gazeta Pomorska*, August 4, 2000./655.

謀殺

The Murder

一切開始於七月十日早上——所有波蘭成年男子被召來耶德瓦布內的鎮政府。但早於那時，謀畫攻擊猶太人的謠言就傳開了。否則，載滿鄰鎮居民的馬車不會從那天凌晨起就源源不斷地駛入鎮上。我懷疑那些從外地趕來的人當中，一部分已經參與了鄰鎮的屠殺行動。當「屠殺的浪潮」席捲某些區域時，除了本地人參與其中，一群核心的「掠奪者」也會不斷遷移，參與該區域的每一場暴行，這是很典型的模式。[1]「某天，卡羅拉克和索布塔召集數十名男子在鎮政府前集合，還提供他們鞭子和棍棒。接著卡羅拉克和索布塔命令男人們把耶德瓦布內所有猶太人都帶到鎮政府前面的主廣場。」證人達諾夫斯基（Danowski）在一份較早記錄的證詞中，為此陳述補充了一個細節（雖然無法獲得證實）：他指出男人們當時還得到了伏特加。[2]

就在波蘭人聚集到鎮政府的同一時間，猶太人也被趕去主廣場——波蘭人說要他們去打掃。麗芙卡・福格爾（Rivka Fogel）說自己本來打算帶一把掃帚。由於猶太人之前就被迫做各種清潔工作，我們可以想像波蘭人一開始只打算進行「羞辱任務」。「我丈夫帶著兩個孩子過去了。我在家多待了一會兒，打理好家務，關上了門窗。」[3]但是人們很快就明白，那天的情況與往常不同。福格爾太太後來沒有去廣場，而是和鄰居普拉福德太太（Mrs. Pravde）

1. 對於小鎮居民在此境況下會做出何種行徑的闡釋，可見以下這本書中「一九四二年四月十三日」一節：Zygmunt Klukowski, *Dziennik lat okupacji zamojszczyzny*（Lublin: Ludowa Spółdzielnia Wydawnicza, 1958）。作者寫道：「在猶太人之中恐慌蔓延得更快。從那天早晨開始，他們就在等待憲兵和蓋世太保的到來……各類下層階級的人都從小鎮附近探出頭來了；許多馬車從鄉村駛來，他們一整天都在等待，等待可以開始掠奪的時刻來臨。我們從各方得到消息，得知了波蘭民眾的可恥行徑，以及他們搶奪猶太人住宅的事實。在這種事上，我們的村子肯定不會落後於別人。」（p. 255）若要了解「屠殺的浪潮」現象，可見 pp. 235-236 注釋 1，它解釋了一九一九年席捲考布肖瓦（Kolbuszowa）的屠殺浪潮。若要了解同一群人接連參與不同屠殺行動的現象，也可見芬克什塔因在拉茲沃夫事件的證詞。

2. 我這裡所引用的是達諾夫斯基在一九五三年八月做出的證詞（MC,SWB, 145/238）。他在一九五二年十二月三十一日的證詞中描述了鎮政府前分發伏特加一事。我們從庭審檔案中可以得知達諾夫斯基是個酒鬼。那麼，免費的伏特加的確很可能給他留下了非常深刻的印象（MC,SWB 145/185, 186, 279）。

3. *Yedwabne*, p. 102，猶太人從經驗中得知，房屋如果無人照管，很可能會被波蘭人闖空門。比如涅瓦維茨基那天逃進田野之前，就穿上了最好的兩條褲子和兩件襯衫，因為他知道等他回去，家中一定已經被洗劫了。勞丹斯基也在證詞中證實，波蘭人打著清潔工作的幌子把猶太人聚集到廣場。

一起躲進了附近一位貴族莊園裡。過了一會兒，「我們聽到不遠處傳來了一名小夥子的慘叫，那是約瑟夫．萊溫（Joseph Lewin），波蘭人把他活活打死了。」[4]巧合的是，我們從卡羅爾．巴登的證詞中得知（他剛好路過）萊溫被石塊砸死。巴登當天早上在德國憲兵站修理汽車，必須前往貴族莊園的工具房（前述兩名婦女正是躲在此處）。「在工具房附近的製模廠轉角處，耶德瓦布內的維希涅夫斯基就站在那裡……他突然叫住我，我走過去，他指了指躺在前方的身軀，那是一個信猶太教的小夥子被殺害後的屍體。小夥子二十二歲，名字叫萊溫。維希涅夫斯基說，太太看啊，我們用石頭砸死了這個狗娘養的……維希涅夫斯基舉起手中那塊重十二到十四公斤的石頭，『用這塊石頭狠狠砸下去，他就再也爬不起來了。』」[5]這件事發生在屠殺剛開始的時候。正如巴登所陳述的，他走去工具房的路上只看到約一百名猶太人在廣場上，而返回時，人數已經大大地增加了。

鎮上的另一處，文生蒂．高希茨基（Wincenty Gościcki）剛從守夜的崗位上返回家中。「大清早，我正打算上床睡覺時，妻子把我叫了起來，她說有壞事發生了，附近有人拿棍子毆打猶太人。於是我走到屋外一探究竟。接著厄巴諾維斯基（Urbanowski）叫住我，他說你看看都發生了什麼，然後帶我來到四具猶太人的屍體旁邊。死者是：菲什曼（Fiszman）、斯季雅考夫斯基斯（Stryjakowskis）家的兩人和布魯伯特（Blubert）。我立刻躲回了屋子裡。」[6]

那天一早，猶太人就明白了自身的危險處境。許多人逃向鄰近的田野，但只有一些人成功。要逃出鎮上而不被發現實在很難，因為周圍有許多由農民組成的「義警」日夜巡邏，四處搜捕逃亡或躲藏的猶太人。十幾名波蘭少年抓住涅瓦維茨基（他在屠殺行動開始時已逃到田野裡，本想偷偷穿過田地逃往維茲納），他遭到少年們毆打並被帶去廣場；奧爾歆維奇（Olszewicz）

---

4. 同前書，p. 103。
5. MC, SOŁ 123/503.
6. MC, SOŁ 123/734.

也在田野裡被年輕農民抓住毒打，並帶回鎮上。大約有一百至兩百人成功逃脫，活過了那天——正如我們所知，也包括涅瓦維茨基和奧爾歇維奇。而大多數人都在被抓時就立刻「就地正法」了。巴登走去工具房的路上看見「莊園的田間道路左方，**一群平民**騎著馬，手中握著粗重的木棍」，在那一帶巡邏。[7]騎在馬上很容易就能看到躲在田中的猶太人。耶德瓦布內的猶太人在劫難逃。

這一天，暴力的陰霾籠罩了整個小鎮。毫無組織的平凡民眾，卻不約而同地極盡殘忍能事。對於這一切，主導者卡羅拉克和鎮議會所做的是一般的監督和管理（例如在廣場上招募看守猶太人的人）；後者卻控制了整個過程，並在關鍵時刻激化了這場集體迫害。不過就算沒有卡羅拉克或其他人跳出來指揮，民眾也肯定會極盡所能地為所欲為。

巴登稍晚再走去工具房時，發現維希涅夫斯基還站在萊溫的屍體旁邊。「我知道維希涅夫斯基在等的人。我從工具房拿了所有需要的東西，回程遇到早上去工具房時看到的兩個小夥子（他後來指認是耶日．勞丹斯基和凱諾夫斯基〔Kainowski〕）。我知道他們要去找維希涅夫斯基，兩人用胳膊夾住一個名叫赫什．卓耶夫維奇（Hersh Zdrojewicz）的猶太人走來。他是一間機械工廠的老闆，我在一九三九年三月以前都在那間工廠上班。鮮血從卓耶夫維奇的頭上汩汩流到了脖子和胸口。卓耶夫維奇看著我說：『救救我，巴登先生。』我害怕地回答他：『我什麼也幫不了你。』然後就轉身離開。」[8]

在小鎮的一隅，勞丹斯基夥同維希涅夫斯基和凱諾夫斯基，用石頭砸死了萊溫和卓耶夫維奇；四名猶太人被亂棍打死在高希茨基的房子前面；在沃姆茲斯卡街（Łomżyńska Street）附近的池塘裡，「伍巴．瓦迪斯瓦夫（Łuba Władystaw）溺死了兩名猶太鐵匠」[9]；在另一處，切斯瓦夫．梅熱耶夫斯

7. MC, SOŁ 123/503.
8. MC, SOŁ 123/503, 504.

基（Czesław Mierzejewski）姦殺了芮德・伊布拉姆（Judes Ibram）[10]；鎮上瑪拉梅德（melamed，猶太學校的教師）最小的女兒，美麗的吉特蕾・納多爾尼（Gitele Nadolny）——每個人都認識她，因為他們都在她家跟著她父親學習——被砍了頭，我們得知，那些劊子手行凶後還把她的頭顱當成球踢[11]；在廣場上，「多布若贊斯卡（Dobrzańska）向他們要水喝〔那天是個炎熱的夏日〕，接著就暈倒了，他們不允許任何人幫她，她的母親因為倒水給女兒而被殺害」；〔與此同時〕貝特卡・布若佐夫斯卡（Betka Brzozowska）和她懷裡的嬰兒一起被殺了。」[12]猶太人一刻不停地遭受毒打折磨，而在同一時刻，他們的家也被掠奪。[13]

多起獨立案件發生的同時，許多有組織的犯罪也在吞噬著猶太受害者。暴徒們把猶太人像趕羊一樣成群趕往墓地，然後殺害。「他們把比較健康的男人趕到墓地，命令他們挖坑。等挖好之後，再用各種方式殘殺猶太人——用鐵鍬打死一個，用小刀捅死一個，用棍子打死一個。」[14]「斯坦尼斯瓦夫・歐拉瓦（Stanisław Szelawa）用鐵鍬打死了一個，還用匕首捅另一人的肚子。證人〔即施姆爾・瓦瑟什塔因，我現在引用的就是他在猶太歷史委員會留下的證詞〕當時躲藏在矮樹叢中。他聽見尖叫聲此起彼落。暴徒們在同一個地方殺死了二十八個男人，都是當時在場最強壯的猶太人。歐拉瓦後來帶走了一個猶太人，割掉了他的舌頭，接著就是一陣漫長的沉默。」[15] 劊子手殺得興起，殺人的節奏也愈來愈快、愈來愈瘋狂。「我站在普若茲圖斯卡

9. MC SOŁ 123/683.
10. MC, SOŁ 123/675.
11. *Yedwabne*, p. 103.
12. ŻIH, 301/6.
13. MC, SOŁ 123/675; ŻIH, 301/613（這是瓦瑟什塔因的第二份證詞）。我問涅瓦維茨基當他被帶到廣場上時觀察到了什麼。他說自己當時沒有仔細觀察四周，而是試圖擠進人群中心，因為猶太人群被一圈手持棍棒和鈍器的人緊緊包圍，而那些人會毆打任何試圖向外走的猶太人。（與涅瓦維茨基的對話，二〇〇〇年二月）不少我引述過證詞的證人都記得猶太人在廣場上的遭遇，並稱這個場景「不忍卒睹」。
14. MC, SOŁ 123/681.
15. ŻIH, 301/613.

街（Przytulska Street）上，」名叫布羅尼斯沃娃．卡利諾夫斯卡（Bronisława Kalinowska）的老婦人說，「耶日．勞丹斯基沿著街道狂奔，他說自己已經殺了兩、三個猶太人；他看起來很緊張，隨即又倉惶地跑走。」[16]

惡人們很快就發現，用這麼「原始」的方法，一天之內肯定殺不完耶德瓦布內所有的猶太人。最後，他們決定**一次殺光**——燒死猶太人。不過幾天前，在拉茲沃夫對猶太人的集體迫害中，波蘭人也意圖使用了同樣的手段，然而基於焚燒地點的分歧，未能提前實施。約瑟夫．赫扎諾夫斯基（Józef Chrzanowski）的話證明了這一點：「我到達廣場時，他們〔索布塔和瓦西萊夫斯基〕說要用我的穀倉燒死猶太人。在我再三懇求之後，他們才勉強接受，改叫我把猶太人趕到布羅尼斯沃夫．斯萊辛斯基的穀倉去。」[17]

在劊子手下定決心接受奪取猶太鄰人的生命之前，仍要先羞辱他們一番。「我看見索布塔和瓦西萊夫斯基從人群中挑出數十名猶太人，命令他們做出可笑的體操動作。」[18]猶太人在踏上人生的最後一哩路——從主廣場到穀倉——之前，還為索布塔及其同夥上演了一場「餘興節目」。蘇占時期，耶德瓦布內鎮民在主廣場旁造了一座列寧雕像。於是，「一群猶太人被帶往廣場，推倒了列寧像。當雕像摔碎之後，他們又命令猶太人將雕像碎塊放在木板上拖著到處走。暴徒們讓拉比走在最前面，手裡拿著一根木棍，上面掛著他的帽子。所有猶太人被迫一路高喊『戰爭因我們而起，戰爭是為了我們』。最後，包括拖著雕像的人在內，所有猶太人都被趕進穀倉。當時穀倉四周已潑滿煤油，暴徒們一點火。一千六百名猶太人就這樣灰飛煙滅」[19]。我們記得，在離穀倉不遠的地方，一大群人開始毆打、推擠已然遍體鱗傷、驚恐萬分的猶太人，試圖將他們推進穀倉中。「我們把猶太人趕進穀倉裡，」後來切斯瓦夫・勞丹斯基（Czesław Laudański）在報告中寫道，「我們命令他們往

16. MC, SOŁ 123/686.
17. MC, SOŁ 123/614.
18. MC, SOŁ 123/653.

裡走，猶太人不得不進去。」[20]

關於穀倉裡發生的悲劇，我們聽到了兩個故事：一個是猶太馬車伕米哈烏．庫洛派特瓦（MichałKuropatwa）的故事。米哈烏早前曾幫助波蘭士兵逃過蘇軍追捕，當屠殺行動的「領導者」在猶太人中發現庫洛派特瓦後，就把他叫過來，表示因為他曾經幫助波蘭人，可以讓他回家。但庫洛派特瓦當場拒絕，並選擇與族人共同赴死。[21]

接著，凶手們在穀倉四周澆上煤油。煤油來自安東尼．涅布日多夫斯基（Anotoni Niebrzydowski），他從倉庫中搬出煤油箱，交給了兄弟耶日．卡利諾夫斯基（Jerzy Kalinowski）和歐根紐什．卡里諾夫斯基。「他們帶著我的八升煤油前往穀倉，把油澆灑在擠成一團的猶太人的身上和地上，然後點火。接下來發生了什麼我就不知道了。」[22]但我們知道接下來的事——猶太人被活活燒死了。

最後一刻，雅內克．諾伊馬克（Janek Neumark）逃出了這個地獄。一股炙熱的空氣衝開了穀倉大門，諾伊馬克和姊姊及其五歲女兒當時就在門口。斯塔歇克・希拉瓦（Staszek Sielawa）手持斧頭擋住三人的去路。諾伊馬克奮力擊落暴徒的武器，成功逃進墓地。諾伊馬克在穀倉中所看到最後的畫面，是他正被火舌吞噬的老父親。[23]

火勢並不是均勻向四周擴大延燒，而是依風向由東向西迅速蔓延。事

19. MC, SWB 145/255.，關於這段陳述，除了亞當・格拉波夫斯基（Adam Grabowski），還有其他證人及被告也提供了類似的證詞。尤里安・索克沃夫斯基說：「我記得，猶太人遭驅趕〔向穀倉〕的時候，索布塔把手裡的棍子給了拉比，命令他把帽子掛在棍子上，還要同時大喊：『戰爭因我們而起，戰爭是為了我們』。」（MC, SWB 145/192）；也見耶日・勞丹斯基的證詞（MC, SOŁ 123/665）；斯坦尼斯瓦夫・達諾夫斯基的證詞（MC, SWB 145/186）；齊格蒙特・勞丹斯基的證詞（MC, SOŁ 123/667）。
20. MC, SOŁ 123/666.
21. *Yedwabne*, p. 103.
22. MC, SOŁ 123/618.，卡羅爾・巴登也參與了將煤油從倉庫「運出」的工作，他可能曾經在那間倉庫裡負責機械工作。但他在證詞中表示派涅布日多夫斯基去搬煤油是出於「技術目的」，而非為了燒死穀倉的人。（MC, SOŁ 123/505）
23. *Yedwabne*, p. 113.

發之後，人們在穀倉的東側發現了一些嚴重碳化的屍體；更多的屍體聚集在中央處；而在西側，屍體甚至堆成了山。上層的屍堆都是被燒死的，但底層的多半是被壓死或窒息身亡，很多屍體的衣服甚至還完好無損。「他們的四肢彼此交纏得太緊，很難分開。」一名年老的農民回憶。他當時還是個小男孩，大火之後和一群男人一起去埋屍體。他還補充一個細節，證實了瓦瑟什塔因那令人不寒而慄的證詞：「儘管現場已宛如人間煉獄，凶手們還是上前搜刮死者身上的財物，因為據說猶太人生前會將值錢物品縫進衣服裡。我從一名死者懷中摸出一個布羅林牌（Brolin）鞋油盒，搖晃起來叮噹作響。我用鐵鍬撬開盒子，好幾枚閃閃發光的硬幣掉了出來——我想應該是沙皇時期面值為五盧布的金幣。人們聽到聲音立刻聚攏過來，自然也引起了德國憲兵的注意。憲兵仔細搜查了每一具屍體。如果發現有人私藏財物，就立即沒收，並用鐵鍬加以毆打。但有些人藏在鞋子裡，逃過了憲兵的耳目。」[24]

穀倉大火事件最惡劣的劊子手，似乎是一個叫考布日涅茨基

（Kobrzyniecki）的波蘭人；有一些證人指出他就是在穀倉點火的人。「後來大家都說，考布日涅茨基殺害了許多猶太人——我不確定這個名字是否正確。」證人愛德華・斯萊辛斯基回憶——當天，耶德瓦布內的猶太人正是在他父親的穀倉中悶燒至死。「他至少殺了十八名猶太人，還放火燒穀倉。」[25]亞歷珊德拉・卡沃夫斯卡（Aleksandra Karwowska）曾親耳聽考布日涅茨基炫耀自己「用刀殺死了十八名猶太人。他當時在我的公寓裡生火暖爐，同時告訴我這件事」[26]。那是七月的一個炎熱午後，必須盡快掩埋死於惡火的受害者屍體。但鎮上已經沒有猶太人了，波蘭人只能自行完成這項令人毛骨悚然的任務。文生蒂・高希茨基回憶：「當天晚上，德國人帶我去現場埋屍體。但我實在

---

24. *Rzeczpospolita*, July 10, 2000, “Nie zabijaj.”
25. MC, SOŁ 123/685，也見瓦迪斯瓦夫・米茨尤拉的證詞：「我從很遠的地方看到了約瑟夫・考布日涅茨基，他當時正在穀倉旁點火。」（MC, SOŁ 123/655）
26. MC, SOŁ 123/684.

做不了，我一看到那些焦黑的屍塊就開始嘔吐。最後他們就放我走了。」[27]顯然他不是唯一去埋屍體的人，巴登後來告訴我們：「屠殺的隔天，我和鎮長站在距離德國憲兵站不遠的廣場，阿達米朝我們走來，語氣低沉地問鎮長：『殺人放火都是你指使的？但沒人想埋掉他們？到明天早上之前，給我埋掉所有屍體！聽懂了嗎！』」[28]德國憲兵隊指揮官爆發的怒火迅速成為鎮上熱議的話題。

六十年後，耶德瓦布內附近普熱斯德澤雷（Przestrzele）小鎮居民列昂．傑齊茨（Leon Dziedzic）仍能一字不差地引述當年鎮民的對話：「你之前堅持自己能處理好猶太人，但我看你根本束手無策。他〔德國憲兵〕擔心會爆發傳染病，因為天氣太熱，而野狗已經開始吃〔屍體的腐肉〕了。」[29]不過，列昂．傑齊茨在另一個訪談中也強調這是「不可能的任務」。幾乎堆成小山的猶太人屍體緊緊交纏，「像大樹盤根錯節的根莖一樣。有人提議把屍體弄成碎塊，再扔進坑裡。於是他們拿起乾草叉竭盡所能地肢解屍體：這裡切下一顆頭，那裡割下一條腿。」[30]

七月十日之後，德國當局規定，不再允許波蘭人隨意屠殺耶德瓦布內的猶太人。一些猶太倖存者回到鎮上，待了一段時間——有些在憲兵站工作——最終都進了沃姆扎的集中營。十二人活到了戰後，其中七人一直躲藏在附近的雅恩切沃村（Janczewo），受到維日考夫斯基一家的照料和幫助。

---

27. MC, SOŁ 123/734.
28. MC, SOŁ 123/506.
29. *Rzeczpospolita*, July 10, 2000, "Nie zabijaj."
30. Adam Wilma, "Broda mojego syna," *Gazeta Pomorska*, August 4, 2000.

掠奪

Plunder

在廣為援引的資料和證詞中，我們忽略了一件很重要的事：耶德瓦布內猶太鎮民的財產後來都去哪裡了？在戰爭中倖存的猶太人很清楚自己失去了一切；而對於主導掠奪或獲分配到猶太人財產的人來說，卻非印象太深刻的事，在回憶錄中亦未對此著墨太多。一九四九年和五三年案件審訊期間，證人和被告都沒有談到猶太人財產去向等相關問題，因此我們能獲得的資訊也十分有限。

根據埃利亞斯・格勞多夫斯基（Eliasz Grądowski）的證詞，以下這些人在屠殺期間和事後曾搶奪猶太人的財產：傑內克・考茲沃夫斯基（Gienek Kozłowski）、約瑟夫・索布塔、羅扎利婭・斯萊辛斯卡（Rozalia Śleszyńska）和約瑟夫・赫扎諾夫斯基（Józef Chrzanowski）；尤利婭・索克沃夫斯卡另外補充了幾個名單：卡羅爾・巴登、弗萊德克・斯蒂芬尼（Fredek Stefany）、卡齊米日・卡爾沃夫斯基（Kazimierz Karwowski）和考布日涅基（Kobrzenieckis）家兩人；阿布拉姆・鮑盧什采克（Abram Boruszczak）表示還有勞丹斯基兄弟和安娜・波考夫斯卡（Anna Polkowska）。[1]但前述所有證詞都缺乏細節，對於屠殺的行凶者將猶太人財產占為己有的行為，不過是一些模糊的指控。約瑟夫・索布塔之妻斯坦尼斯瓦娃（Stanisława）在丈夫案件庭審期間做出了更具體的證詞：「搬進一幢『留下來的』猶太住宅（斯特恩（Stern）家的房子）。屋子的主人已經被殺了，他的兒子因為害怕一個人住，請求我們住進來。」[2]證人蘇雷夫斯基（Sulewski）表示他並不知道「索布塔夫婦接管猶太人的房子是出於誰的許可」，他還補充：「不過據我所知，當時空出來的猶太住宅是可以隨意『認領』的，不需要任何人的許可。」[3]

在我看來，說出這種話的人，如果不是假裝無知，那一定是十分天真。事實上，斯坦尼斯瓦夫・歇拉瓦的妻子對「遺留」的猶太人財產問題，做出

1. MC, SOŁ 123/631, 632, 675, 676, 677, 682, 683.
2. MC, SWB 145/168.
3. MC, SWB 145/164, 165.

了更進一步的說明，她指出事發後將猶太人財產據為己有的人，正是大屠殺的策畫者（我們還記得，瓦瑟什塔因和諾伊馬克的證詞都提到希拉瓦兄弟，並指控他們為大屠殺最積極的參與者）。「我從當地人口中聽說（但我不記得是誰說的了），約瑟夫．索布塔和鎮長卡羅拉克在屠殺結束後〔證詞中這句波蘭短語po wymordowaniu Żydów w Jedwabnym也可譯為『殘殺耶德瓦布內猶太人之後』〕，參與了將猶太人的財產運到某個倉庫的行動，但我不知道過程究竟怎麼進行，也不知道索布塔是否確實將部分猶太遺留財產據為己有。」[4]歇拉瓦之妻在庭上作證時描述得更加詳細：「我看到他們運送猶太人的財產，但被告〔即索布塔〕只是站在載滿財物的馬車旁，我不確定被告是否**與此事有關**。」[5]

必須在這裡提到一些證詞，仍然是關於案發現場——斯萊辛斯基的穀倉。一九四九年一月十一日，即警方逮捕耶德瓦布內鎮上大多數居民之後，沃姆扎國安部（UB）立刻收到一封亨里克．克里斯托夫奇克的來信。

克里斯托夫奇克藉由耶德瓦布內猶太屠殺事件調查的機會，提出了另一個案子：「一九四五年四月，我的兄弟齊格蒙特・克里斯托夫奇克（Zygmunt Krystowczyk）遭到暗殺。作為一名波蘭工人黨（Polska Partia Robotnicza, PPR，波蘭共產黨前身）成員，他被委派成立ZSCh（一種農民合作社）——他完成了這個任務。在他擔任ZSCh主席期間，開始翻修普日茲爾斯卡街附近的一座蒸汽工廠，那是猶太遺留財產。」克里斯托夫奇克接著描述他兄弟被謀殺時

4. MC, SWB 145/253. 索布塔當然否認自己侵吞猶太人財產。「因為我沒有房子，我在屠殺之後借用了一間留下來的猶太公寓。搬進去時，裡面沒有任何家具與財物，我就這樣住下了。所有猶太財產都由鎮政府充公，我也不知道他們後來如何處置。」（MC, SWB 145/267）值得注意的是，挪用、侵吞他人財產的現象催生了相應的語言。波蘭文中很快出現了「pożydowski」和「poniemiecki」這樣的詞，波蘭人很快就明白其意思是「猶太人遺留的」或「德國人遺留的」財產。另一方面，如果有人使用「poangielski」或「pofrancuski」，波蘭人會認為用這種詞彙的人犯了一個錯誤——更為確切地說，是把波蘭文俄語化了，正確的用法應該是「po angielsku」或「po francusku」，意思是「英語的（或法語的）」。人們不能用這兩個片語來形容英國人遺留或法國人遺留的財產。簡而言之，歷史令人莞爾地造成了波蘭文中只有猶太和德國兩個民族的財產會被波蘭人侵吞、占用。

5. MC, SWB 145/165.

的情況、誰參與了這起謀殺，以及罪犯想接管工廠一事。他解釋自己的兄弟是一名專業木工，而他提供了翻修工廠用的建材。「翻修使用的木材取自布羅尼斯沃夫．斯萊辛斯基的穀倉——我們把木板拆卸下來，那是德國人為他新建的穀倉；舊的已經『貢獻』出來燒猶太人，在大火中付之一炬。」[6]

正如我們所見，直到一九四九年，所謂的「猶太遺留財產」仍然是鎮上人們競相爭奪之物，暗殺和舉報均由此而生——祕密警察留下的許多檔案中都有類似紀錄。克里斯托夫奇克最初寄給國安部的舉報資料，亦記錄戰後在華沙街道上見到鎮長卡羅拉克的場景：「據我所知，他從猶太人家中搜刮了大量財物，卻沒有分給德國人，因而被德國當局逮捕。」另一封匿名舉報信則是關於勞丹斯基一家參與的多起交易，舉報人聲稱耶日．勞丹斯基嘗試走私從猶太人身上搶來的珠寶時遭德軍逮捕；信上還描述勞丹斯基的家人在戰後高調穿著一件優雅的「猶太」毛皮大衣，四處走動炫耀。[7] 對我們來說，這些都是意料中事，因為屠殺耶德瓦布內的猶太人無異於在某地投放中子彈[8]

：人的存在遭抹殺了，財物房產卻完好無損。對於許多凶手而言，這是一樁極為有利可圖的「生意」。

於是，我們慢慢認清了一個重要事實：人們迫害歐洲猶太人的動機之一是：為了占有他們的財產；我認為，卡羅拉克及其同夥渴望徹底掠奪猶太人的財產，也「意外」獲得了這麼做的機會，恐怕就是他們策動屠殺的真正原因——而不是、或者說不僅僅是單純的反猶主義者。大屠殺過後半個世紀，耶德瓦布內鎮民顯然也抱持相似的看法：「在耶德瓦布內，人人都知道（屠

6. MC, SOŁ 123/728.

7. 想了解更多卡羅拉克的資料，可見本書〈事件梗概〉一章的注釋5。題為「波蘭人民共和國華沙中央委員會」（Do Komitetu Centralnego P.P.R. w Warszawie）的文件中提到了勞丹斯基一家。共產黨中央委員會的中央控制委員會（Central Control Commission of the Central Committee of the Communist Party）於一九四八年十月二日收到了這份檔案，之後轉交給國安部門。這份檔案目前存放於沃姆扎國安部的「控制—調查」檔案。

8. 譯注：一種以高能中子輻射為主要殺傷力的低當量小型氫彈。中子彈是特種戰術核武器，爆炸波效應減弱，輻射增強。只殺傷敵方人員，對建築物和設施破壞程度很小，也不會帶來長期放射性汙染。

殺猶太人的〕真相，但人們過去從未公開談論。〔二〇〇〇年〕五月十三日星期六，在一次集體為國家祈禱的彌撒中，當地神父號召教區居民一同為戰爭的受難者祈禱，他們因某些人為滿足自身私慾和貪念所犯下的罪行而失去生命。」[9]

9. 二〇〇〇年五月十九日《波蘭共和報》（波蘭境內發行量第二大的報紙，僅次於《波斯卡報》）中，安傑伊・卡琴斯基用這句話結束了關於耶德瓦布內猶太大屠殺精采的第二份報導〈純化的記憶〉（Oczyszczanie pamięci）。

私人傳記

Intimate Biographies

在拉莫托夫斯基及其同夥的庭審檔案中，除了我們找到的證人和被告的訊問紀錄，還有很多資料已在庭審不同階段分別呈給法庭，例如我先前引用卡羅爾・巴登的豁免請願書內容。我最初評估的結論——「這是一群普通人」，在很大程度上是基於每份訊問紀錄第一頁的摘要。而我們在被告的年齡、子女數和職業之外，還可以透過以下資訊，更了解這群「普通人」。

一九四九年一月第一批凶手被逮捕之後，他們的妻子開始向沃姆扎國安部寄請願書，希望淡化丈夫在反猶行動中扮演的角色。我們從這些書信中梳理出一些有趣的被告資訊。伊蕾娜・雅諾夫斯基（Irena Janowski）在一月二十八日寫道：「事發當天，德國憲兵隊與鎮長和〔鎮議會〕書記瓦西萊夫斯基四處巡邏，將男人派去看守廣場上的猶太人。他們也來我家，厲聲命令我丈夫去廣場，甚至舉槍威脅。丈夫很害怕，不知道為何而去，甚至十分擔憂人身安危，因為他曾在一家蘇聯統治時期的牛奶合作社擔任監管員。」[1]三天後，雅尼娜・日盧克（Janina Żyluk）代表她被捕的丈夫（許多證人指控為主犯之一）寫了一封請願書：「一九四一年德蘇戰爭爆發前夕，我的丈夫一直在蘇聯政府的稅收機關擔任主管。因此在一九四一年德國入侵波蘭之後，他不得不躲起來，因為每個為蘇聯工作過的人都會遭到追捕和迫害。」[2]

我們知道，波蘭的國家官僚組織在蘇聯治下大幅擴張了，許多人為了生計選擇為占領者工作。雅尼娜・日盧克認為，既然丈夫是被信奉史達林主義的祕密警察逮捕，如果警方知道丈夫曾為蘇聯政府工作有可能改善他的處境，這也是合理的。如果不是在檔案中發現此類書信，我可能只會把這兩名婦女各自的行動視為奇聞軼事。然而事實證明，這類檔案後來愈來愈多，也愈來愈有意思。

以卡羅爾・巴登（拉莫托夫斯基案中唯一判死刑者）的自白書為例：

1. MC, SOŁ 123/718.
2. MC, SOŁ 123/712.

蘇聯紅軍入駐比亞維斯托克、一九三九年十月蘇聯政府成立之後，我偶爾做些修理鐘錶的工作，也協助蘇聯內務人民委員部及其他政府部門相關事務：包括開鎖、換鎖、配新鑰匙、修理打字機等等。一九四〇年四月二十日，我成為主任工程師，也擔任曳引機修理店店長。我修理曳引機的輪子、履帶和農用機器，還有農舍和國營農場的馬車。我是機械中心第一班組的負責人，也是技術總監。於此同時，我還是沃姆扎耶德瓦布內的蘇維埃代表（Gorsoviet）。[3]

巴登無疑是一名出色的工程師。但光憑專業技能是無法讓他獲得蘇聯公部門的職位。顯然地，他深受蘇聯人士信任。

讓我們來看另一齣重頭戲——事發當天最惡劣的暴徒之一，勞丹斯基家的哥哥齊格蒙特在自傳中揭露的真相。以下文字是他於一九四九年七月四日在波蘭奧斯特羅維茨（Ostrowiec）監獄寫給「華沙安全警察署司法部」（Do Ministerstwa Sprawiedliwo ci U. B. P. w Warszawie）的請願書：

波蘭領土併入白俄羅斯蘇維埃社會主義共和國（BSSR）之後，我為了躲過蘇聯當局追捕，藏匿了六個月之久……為了不被驅逐出境，我在逃亡過程中並未加入該時期的逃犯團體，但我寄了一封請求信給史達林元帥，由莫斯科檢察院（普什金斯卡街〔Puszkinska Street〕十五號）轉寄給耶德瓦布內的內務人民委員部辦公室，隨信還附上一道審閱命令。幾度訊問和調查之後，他們證明對我的判決是不公正的。為了彌補我的損失，我之後無須再四處躲藏，也不會遭到驅逐。內務人民委員部審視了我的資料之後，讓我參與清算反蘇勢力的工作〔看起來，勞丹斯基可能是蘇聯內務人民委員部上校米索雷夫的線人之一〕。當時，我與耶德瓦布內的內務人民委員部保持書信往來（我在信中沒有使用化名）。在此期間為了方便我執行任務，上司命令我（為了避開反動勢力偵查）偽裝成反蘇分子。一九四一年德蘇戰爭〔原始

3. MC, SOŁ 123/498.

書信中的「蘇」為大寫，「德」為小寫）爆發，內務人民委員部未摧毀所有檔案，我害怕得不敢出門，僅僅私下確認了（藉由指派自己的弟弟進入德國憲兵隊工作！）重要檔案已在內務人民委員部的院子裡盡數焚燬……我覺得自己在整個審判中沒有得到公正的對待，對我的質疑都是誣告。我和內務人民委員部保持聯繫期間，一直冒著生命危險。如今（即戰後），我沒有加入任何反動集團，而是在社區的農民公社工作，卻仍持續遭到反動勢力迫害。加入波蘭工人黨之後，我感到生活因民主精神得到了昇華；我堅信在像我一樣的人民的幫助下，我們的工人制度會更加穩定（作者標記此句為重點）。我在此聲明自己確為含冤入獄，因為如果我親蘇的立場為人所知，那麼就算德國人不動手，反動集團也會將我和我的家人滅口。4

初讀此份陳述時，我們被陳述人那固執的盲從震驚了。顯然地，他曾試圖預測相繼掌權的吃人政體最渴望從其治下人民身上獲得什麼，並從而陷入了極端的狂熱。他試圖討好每一個政府——從最初成為蘇聯內務人民委員部的線人，接著為納粹屠殺猶太人，最後加入了波蘭工人黨（PPR）。法語中有一句諺語，恰如其分地描述這種不斷適應環境變化的生存模式：fuite en avant，意為一場與命運的角力，直譯為「朝終點不顧一切地衝刺」。

前文提及的四個人都被證實曾協助蘇聯政府，之後又轉投德軍（其中兩名被告耶日・勞丹斯基和卡羅爾・巴登除了屠殺猶太人，事後還加入了德國憲兵隊）。我認為，關於此四人的生平記述，不只意味著惡人的個人行為、心理軌跡，還反映出一個更普遍的情境：在這起極富戲劇性的事件中，最顯著的問題不只在於個人的品格，還有在二十世紀極權主義政體下，人們可能遭遇的「誘因的邏輯」（logic of incentives）。我會在本書的最後一章評論此主題，我在這個主題上看到了解釋戰時和戰後波蘭歷史的另一種可能性，而這

4. MC, SOŁ 123/273-274.

些都尚未獲得充分探究。

與此同時，這篇與耶德瓦布內「反英雄們」（anti-heroes）的親密接觸也將進入尾聲，我想引用勞丹斯基家最年幼男孩發自內心的控訴為此章畫上句點。人人都說，男孩是所有被告中最殘暴的劊子手。他是個人高馬大的青年，身高約一米八，精力旺盛。史達林主義祕密警察的「控制—調查」檔案中，所有被告都列出了三、四種辨識特徵，在「聲音」一欄裡，勞丹斯基男孩的描述是「響亮、清晰、文雅」；其他被告則大多為「聲音輕而微弱」。一九五六年，所有沃姆扎審判中的被告都還拘禁在獄中時，勞丹斯基提交了一封請願信。他在信中厚顏地展現自己在道德上的愚昧無知，他質問：「我不是德國人的幫兇，而是真正的波蘭愛國者！你們為什麼把我關起來？」

> 我所生長的地方一直存在著波蘭人與猶太人之間的鬥爭。戰時，德國人在我的家鄉和各地大肆屠殺猶太人。我是此案最年輕的被告，我是在戰前

〔波蘭〕成長，為什麼是我、只有我要受到最嚴厲法律的懲罰？畢竟從求學開始，我接受的教育就是單一面向的意識型態，因此國家遭侵占時，我只會專注在和民族、祖國相關的事。戰時，祖國要我貢獻己力時，我沒有半點猶豫，這就是明證。我加入地下組織波蘭起義協會〔Polski Związek Powstańczy，波蘭家鄉軍前身〕，一九四一年秋天在波雷巴（Poręba）奧斯楚夫—馬佐維奇郡（Ostrów Mazowiecki）的布格河（Bug）鄰近小鎮，我們奮力抵抗侵略者。我在此次抵抗行動的任務是運送地下刊物和相關物品。一九四一年五月，蓋世太保逮捕我，將我關進帕維阿克（Pawiak）監獄〔華沙最主要的監獄〕，後來將我押往奧斯維辛集中營，又輾轉於羅森（Gross-Rosen）和奧拉寧堡（Oranienburg）集中營。我在那裡和一個波蘭人和一名政治犯關在一起，

5. 這一大段對耶日．勞丹斯基的描述，出現在一份題為「檔案資訊表『卷宗』反國家犯罪嫌疑人」（Arkusz informacyjny ‘dossier’ na podejrzanych o przestępstwa przeciwko Państwu）檔案中，該檔案目前與沃姆扎國安部其他檔案一起存放於沃姆扎國安部的比亞維斯托克檔案處。

忍受了三年的煎熬。等到一九四五年獲蘇聯紅軍解放之後，一些人拋棄了遍體鱗傷的祖國，前去西方過著輕鬆的生活，之後又以間諜或其他身分回來。我沒有與這些人為伍，一刻也沒有猶豫。我回到了被摧毀的祖國，我的國家，我曾為它獻出二十歲的年輕生命奮勇抵禦入侵者。然而，法庭絲毫未考慮我的作為——這些都證明了我絕不可能是侵略者的同謀，也絕對不是沃姆扎國安部在調查中強加在我身上的形象，而我卻因此不公平的調查得面臨如此漫長的刑期。我回去〔回到波蘭〕之後，一直在國家機關裡工作。[6]

儘管方式有待商榷，但男孩仍成功地為自己開脫了。畢竟，懲罰他的理由是通敵德軍，然而並沒有太多證據能證明這件事。當然，在男孩的想法裡，他從未與任何侵略者合作，最多是和他的鄰人。一九五七年二月十八日，耶日．勞丹斯基獲得假釋，他是此案最後一名獲假釋的被告。[7]

在耶德瓦布內，平凡的波蘭人屠殺了猶太人，和納粹警察一〇一營[8]在約瑟夫烏（*Józefów*）的行徑別無二致。克里斯多福・白朗寧（Christopher Browning）的著作《普通人》（*Ordinary Men*）記錄了約瑟夫烏事件。這些男人從事不同職業，父子與家族通力合作；有人曾（為了響應鎮政府的號召）稱他們是好公民（考慮到他們所犯惡行之可怕，此處也可能是嘲諷）。然而，映在猶太人眼中的是一張張熟悉的面孔，這或許更令他們感到驚恐及（我敢說）不可置信。不是穿著制服的陌生警察，不是戰爭機器中的冰冷齒輪，更不是執行命令的冷血特工，而是曾與自己閒話家常的鄰人——他們選擇拿起屠刀，投身血腥殘殺，心甘情願成為了一群劊子手。

6. MC, SOŁ 123/809.
7. MC, SOŁ 123/702.
8. Ordnungspolizei Batallion no.101，納粹德國的一支準軍事部隊，隸屬於德國黨衛隊。一九四二年七月，整支隊伍進駐波蘭約瑟夫烏小鎮，展開大規模射殺行動，該行動共造成一千五百名猶太人遇難。

時代錯誤

Anachronism

作為一名研究當代波蘭的歷史學家，耶德瓦布內屠殺事件讓我備感困惑。學術文獻中，從未有過相關記載。在我竭力想釐清事件的過程中，許多來自遙遠過去的記憶湧入腦海，以似曾相識的感覺製造出一種假象：我們已經理解所獲悉之事。也許拉茲沃夫和耶德瓦布內發生的大規模屠殺是一種時代錯誤，應該屬於另一個截然不同的時代？人們無法擺脫一種想法：那些邪惡得難以置信的農民暴徒彷彿是亨利．軒克維奇「戰爭三部曲」[1]中的人物，他們從書頁中走出來，於一九四一年夏季踏上了比亞維斯托克的土壤。自博格丹．赫梅利尼茨基[2]領導的農民戰爭爆發時開始（在猶太人遙遠的記憶中，這場戰爭等同於一個可怕的詞彙「Khurban」，意為災難，是二戰猶太大屠殺的前兆），猶太人就一直遭受被視為「異類」的惡意，以及敵對勢力折磨——那些埋伏在鄉間，時不時降臨的暴力。顯然地，屠殺者和掠奪者（rzeź i rabacja）一直保留著集體行動的「傳統」，自十九世紀到二十世紀持續上演著同樣的戲碼。[3]

1. 亨利．軒克維奇（Henryk Sienkiewicz, 1846-1916），波蘭批判現實主義作家。小說人物性格鮮明，情節引人入勝，語言優美流暢，深受群眾歡迎，素有「波蘭語言大師」之譽。描述十七世紀戰爭的歷史三部曲為《火與劍》、《洪流》、《伏沃迪約夫斯基先生》。

2. 赫梅利尼茨基（Khmielnicki, 1595-1657），烏克蘭哥薩克首領，一六四八至五四年反抗波蘭統治的烏克蘭民族起義領袖。軒克維奇在小說《火與劍》中，把赫梅利尼茨基描寫成了一名奸詐狂妄、野心勃勃的混世魔王。

3. 可參考一段描述：「一九一九年春天，前加利西亞省的東部地區爆發一連串案件。大量殘酷（potężne i bestialskie）的反猶農民運動爆發，讓人想起一八四六年由雅各．謝拉（Jakub Szela）領導的運動中，此地所遭受的『屠殺與掠奪』。」這段話來自波蘭科爾布紹瓦鎮（Kolbuszowa）一位歷史教師和愛國主義者的文章，這位作者並未對猶太人表現出特別的同情。「一群農民聚集起來，男人、女人、青年……手持短棍，乘駕馬車從一個鎮到另一個鎮，毆打猶太人，掠奪他們的財物，洗劫他們的家和店鋪。那段時期，波蘭的天主教徒相信，」作者繼續寫道，「那些討厭天主教徒並稱他們為『異邦人』的猶太人，會在製作逾越節薄餅時加入天主教兒童的血……沒人知道這種說法是怎麼出現的，但天主教徒母親那時常以這種傳說來嚇唬調皮搗蛋的孩子，告訴孩子如果不乖乖聽話，猶太人就會來殺掉他們。（我記得祖母教訓過我，她常說如果我不學乖，吉卜賽人會來抓我。）在德國的格利尼克（Glinik），一名小女孩失蹤之後，一群農民開始攻擊猶太家庭，毆打甚至殺害猶太人，也洗劫了他們的房子和店鋪。駭人聽聞的傳聞（即猶太人為了製作逾越節薄餅殺了一名女孩）迅速在鄉鎮間擴散開來，農民們陸續發起多次具攻擊性甚至十分殘忍的行動（olbrzymiei agresywne, niezmiernie okrutne, akcje chłopskie）。自（一九一九年）五月一日起，大批持短棍、斧頭、草耙等工具的人群襲擊猶太人的住所……最終演變成大規模的屠殺和掠奪行動。」（Halina Dudzińska, "Kolbuszowa i kolbuszowianie w okresie narodzin II Rzeczypospolitej Polskiej iwalki o ustalenie jej granic," Rocznik Kolbuszowski, no. 3〔Kolbuszowa, 1994〕: 129）

這種爆炸性的浪潮從何而來？我們必須理解各種反猶暴行的背後，總是充斥著許多荒謬的成見：天主教徒相信猶太人會用天主教孩童的鮮血製作逾越節薄餅——這種成見在許多波蘭天主教徒腦海中根深蒂固，而且不限於偏遠地區居民。即便在二戰結束後，前述的荒誕謠言也能隨時將大批憤怒民眾召集到波蘭城市的大街上。正是這般異乎尋常的成見導致了兩起最臭名昭著的戰後集體迫害——分別發生於一九四五年的波蘭第二大城克拉科夫（Cracow）和一九四六年的波蘭省會凱爾采（Kielce）。[4] 但無論是猶太委員會的活躍分子還是戰後的猶太倖存者都無所畏懼，哪怕是憂心忡忡的天主教父母也不只一次前往猶太社區尋找失蹤的孩子！[5]

在學術文獻中，猶太大屠殺通常被描繪為一種根植於當代的現象。我們非常清楚，要殺死幾百萬人，必須先有一套極富效率的官僚系統，以及一套（相對）高明的技術手法。但是，耶德瓦布內事件則挖掘出猶太屠殺中更深層、古老的面向。我指的不僅僅是行凶動機（就算耶德瓦布內的波蘭人和沃姆扎的農民都是自願殺人，而且事前做足準備，其動機也不可能來自納粹的反猶太宣傳）抑或古老的殺人方法和凶器：石塊、木棍、鐵棒、火、水，甚至殺人組織。顯然地，發生在耶德瓦布內的事件促使我們將一般意義上的

4. 這場大屠殺持續了幾乎一整天（一九四六年七月四日），數百名凱爾采居民參與其中，導致四十二名猶太人喪生。事件起因是一名年輕男孩在父親的慫恿下編造一樁指控，稱自己被抓進凱爾采猶太倖存者和返鄉者居住的大樓，遭囚禁在大樓地下室數日（想必是為了用他的血在儀式上獻祭）——順帶一提，這幢大樓根本沒有地下室。一隊民兵（Citizens' Militia）被派去搜查，接著大屠殺就開始了。民兵和警察都參與殺戮。警察在因應不斷惡化的暴行時顯然怠忽職守或逾越職權，甚至可能存在暴行。波蘭歷史學家和記者描寫這起事件（他們多半只隱晦提及，因為在共產主義統治時期被視為禁忌的存在）時的主要矛盾在於：這場動亂是否為警察刻意煽動？關於凱爾采大屠殺的最佳研究可見：Bożena Szaynok, *Pogrom Żydów w Kielcach 4 VII 1946 r.*（Warsaw: Wydawnictwo Bellona, 1991）。關於克拉科夫大屠殺詳細研究，可見亞捷隆大學一篇未發表文科碩士論文：Anna Cichopek, "Z dziejów powojennego antysemityzmu—pogrom w Krakowie 11 sierpnia 1945 r."（Cracow, 1998）。

5. 一九四六年八月，琴斯托霍瓦（Cz stochowa）的猶太委員會主任布雷納（Brener）寫道：「近來，一名十一歲的天主教孩童與母親一同走在加里鮑迪大街（Garibaldi Street，很多猶太人都住在該街區）時，指認了一棟房子，據稱猶太人將孩童關押兩日。當地居民認為此項指控荒謬無稽……但這段小插曲仍然在猶太街區留下了糟糕的影響。人們關閉店鋪，鎖上家門，打算逃離此地。能逃去哪裡呢？沒人知道，沒人說得出。」（*Głos Bundu*, no. 1〔Warsaw, August 1946〕）也見 *Upiorna dekada*, pp. 104, 105。

猶太屠殺視為一種複雜、異質的現象。一方面，我們必須把它解釋為一種體系，根據密謀已久的（儘管不斷演變的）計畫運作；與此同時，我們也視它為一個個分離事件的相互鑲嵌，由個別決策者即興發揮，以「天曉得」的動機為基礎，而且所有身處案發現場的人都參與其中。如此理解將在一定程度上影響我們如何究責大屠殺事件，以及判斷猶太族群生存的可能性。

人們記得什麼？

What do People Remember?

二十世紀最偉大的希伯來詩人及作家阿哈龍・艾伯斐（Aharon Appelfeld, 1932-2018），於一九九六年回到了家鄉——鄰近切爾諾夫策（Czernowitz）的烏克蘭小鎮，他在八歲前都住在那裡，直到一九四一年六月移居以色列。「一個八歲半的孩子記得什麼？幾乎什麼都不記得。但神奇的是，『幾乎什麼都不記得』的想法多年來一直提供我養分。離家後的時間彷彿一天都沒有流逝。我在以色列寫了三十本書，都是直接或間接取材於我童年生活的村莊——一個在地圖上找不到名字的小鎮。『幾乎什麼都不記得』就是我持續汲取養分的源頭，它似乎永遠不會乾涸。」五十五年後，艾伯斐重返故里，伴隨鄉間優美景致而生的奇異的熟悉感，再一次喚起了他深埋心中的記憶。「誰能想像在某個週六，我們的安息日，這座小鎮的六十二條生命（大多數是婦女和孩童）會喪生在乾草叉和廚刀之下？我當時在最裡頭的房間，才得以逃到玉米田躲起來。」[1]

艾伯斐偕妻子及電影劇組一起回到小鎮，當時劇組在跟拍他的返鄉之旅。一群當地人好奇聚集過來，艾伯斐問及戰時遭殺害的猶太人埋葬何處時，沒人回答得出來。過了一段時間，當地人得知他幼時曾居住此地，接著一位同學校的鎮民認出了他。最終，「一位高大的農民上前，鎮民向他解釋我正打探的事，彷彿一道古老的儀式。他舉起手臂指向遠方：就在那裡，在山上。接著是一片寂靜後爆發的喧鬧和議論，我一時間無法理解眼前的狀況」。

艾伯斐繼續說：「原來鎮民們試圖向我隱瞞的事，不僅他們自己很清楚，哪怕是孩童也都知道。我轉身朝向柵欄旁盯著我的孩子們，問他們猶太人的墓地在哪裡。孩子們立刻伸出手指向遠方的山。」眾人一同前往那座山，一路上沒有太多談話，直到「其中一人終於說話：『這裡就是墓地。』他指向一片荒野。『你確定嗎？』我問。『是我埋了他們。』農民回答。他補

1. Aharon Appelfeld, "Buried Homeland," *New Yorker*, November 23, 1998, pp. 48, 51, 52.

了一句：『那年我十六歲。』」[2]。

艾伯斐在母親遭殘忍殺害的半世紀之後，找到了她的墳墓。同樣地，另一位作家亨里克．格林灣格（Henryk Grynberg）在全家人當時在波蘭的藏身處附近找回父親的骸骨，他的父親死於一九四四年春天。當地居民很清楚是誰、在何時、為什麼殺了老格林灣格，也知道屍體被埋在何處。這起事件可在帕維烏．沃金斯基（Paweł Łoziński）的得獎紀錄片《出生地》（*Birth place*）中看到全貌。片中，一臺手持攝影機陪伴格林灣格完成了尋找父親墓地的旅程。當然，耶德瓦布內的所有居民也非常清楚一九四一年七月十日鎮上發生了什麼事。

這就是我為什麼相信，發生過猶太屠殺的每個城鎮、每個村莊必定保留下關於那個年代的記憶。事情彷彿理應如此：親眼目睹了如此可怕悲劇的人們的確會變得麻木不仁——他們始終無法忘記所發生的一切。而這也是一個詛咒，因為大多數居民不僅目睹猶太鄰人的慘況，更親身參與了這場屠殺。

否則我們該如何解釋，冒著生命危險幫助猶太人的波蘭人——大屠殺紀念館認定為「國際義人」（Righteous Amongst Nations），普遍害怕向鄰人承認自己曾於德國治下庇護過猶太人？[3]

我們從那些與耶德瓦布內猶太人歷史永遠緊緊相繫的人們身上得知，

---

2. 同前書，p. 54。
3. 一九四七年出版了一本書，是二戰倖存下來的猶太孩童的證詞。霍赫貝格．瑪麗安斯卡（Hochberg-Mariańska）為該書撰寫的導讀中提到，不少在戰時幫助過猶太人的波蘭人都希望保持匿名，因為他們害怕一旦在戰時所做的事被公開，會招致族人對自己的敵意。（Maria Hochberg-Mariańska's introduction to *Dzieci oskarżaj*.〔Cracow: Centralna ydowska Komisja Historyczna w Polsce, 1947〕）這是一個很普遍的現象，例如尼查瑪．泰克（Nechama Tec）的回憶錄 *Dry Tears: The Story of a Lost Childhood*（New York: Oxford University Press, 1984）。這也是一個很吸引人的主題，為什麼被授予「國際義人」稱號的人們，竟會如此恐懼鄰人發現自己在戰時曾幫助猶太人？我認為有兩個原因：首先，他們害怕被搶劫。在大眾想像中，猶太人總是與金錢有所牽連，人們堅信在戰時庇護猶太人的家庭必然得到其物質上的好處；還有一個原因是，日後的「國際義人」在戰時的行為打破了社會公認的準則，說明他們與其他人的做法不同，對社會而言彷彿是一種隱疾。他們的存在於其他人眼中是個威脅，因為他們就是證人，他們可能會告訴當地猶太人曾經發生過什麼；因為（不論從所作所為抑或不合作的態度來看）他們不屬於對事件保持沉默的共同體。

他們有足夠的理由擔憂自身安危。我並不想重述維日考夫斯基一家在二戰期間營救瓦瑟什塔因及其他六名猶太人的完整故事。但戰後發生在他們身上的事，與我們正在討論的話題有關：

我，亞歷山大・維日考夫斯基，與我的妻子安東尼婭做出如下證詞。蘇聯紅軍解放波蘭之後，猶太殉難者重獲自由，我們讓他們穿上最好的衣服。一名猶太人回到自己的家，但他的家人都死了，因此他又回來和我們一起生活；其他的猶太人都各自回到了原來的家。一個週日，一群游擊隊員[4]朝我走來，他們說：「今天要來剷除猶太人。」另一人說要在晚上殺光所有人。從這天起，我家的猶太人每晚都睡在田埂間一道貯藏馬鈴薯的坑裡，我給了他枕頭和我的大衣。我也警告了其他的猶太人，他們也開始躲藏。游擊隊員沒對其中兩人的未婚妻出手，但他們告訴兩名女孩，如果她們的未婚夫來了，不要告訴他們游擊隊來過。當天晚上，他們來家裡抓猶太人，他們說，交出猶太人，他們要殺了他，之後就不會再來。妻子表示我去我妹妹家了，而猶太人早已逃往沃姆扎，不會再回來。於是他們開始毆打我妻子，打到她渾身淤青，還拿走家裡值錢的財物，最後叫她駕馬車送他們到耶德瓦布內附近。妻子回家之後，猶太人從馬鈴薯坑爬出來，看到了渾身是傷的妻子；過了一段時間，另一個猶太人雅內克・庫布若贊斯基（Janek Kubrzański）也來了。我們商量之後，決定盡快逃走。我們在沃姆扎定居。妻子將我們較年幼的孩子送去了她的父母家。由於擔心家人安危，我決定再和妻子從沃姆扎搬去比亞維斯托克……一九四六年，我們搬到了別爾斯克（Bielsk Podlaski）。數年之後，當地的波蘭人又發現了我們曾做的事，我們不得不再次搬離。

4. 如本書〈誰殺了耶德瓦布內的猶太人？〉一章的注釋8，地下組織在戰後仍然存在，而且其行動範圍已經不限於襲擊德軍。

曾在戰時幫助猶太人的「汙點」永遠跟隨著維日考夫斯基一家，從一座小鎮到另一座小鎮，從一代到下一代。[5]安東尼婭・維日考夫斯基（Antonia Wyrzykowski）最終漂洋過海定居芝加哥。安東尼婭的侄女之子仍然住在耶德瓦布內一帶，他的玩伴一旦生起氣來就會叫他「猶太人」。

5. 維日考夫斯基家的侄子——雅羅斯瓦夫・卡爾沃夫斯基（Jarosław Karwowski）於一九六二年五月二日在米拉努韋克（Milanówek）寫下這份證詞。（ŻIH, 301/5825, conversation with Wyrzykowska, October 1999）

圖片資料

朋友們

戰後不久拍攝的照片。第一排左起：安東尼婭．維日考夫斯基、施姆爾．瓦瑟什塔因、蕾雅．庫布若贊斯基（Leja Kubrzański）。維日考夫斯基的正後方是雅內克．庫布若贊斯基。蕾雅、雅內克．庫布若贊斯基和施姆爾．瓦瑟什塔因，以及另外四名猶太人受到維日考夫斯基一家救助。德軍占領時期，維日考夫斯基一直將他們藏匿在耶德瓦布內鄰近的雅恩切沃村農場中。

耶德瓦布內一位有名的鞋匠與其友人。鞋匠名為約瑟克・庫布若贊斯基（Josek Kubrzański），是雅內克・庫布若贊斯基的父親。

瑪爾卡・茲雷涅茨（Malka Zieleniec）、麗芙卡・盧貝爾（Rywka Luber，後前往巴勒斯坦）與索卡・伯林（Sorka Berlin）。第二排左為雅內克・庫布若贊斯基。

奧瓦迪亞・布希塔因（Ovadia Bursztajn）、米莉安・布希塔因（Miriam Bursztajn）和施羅默・布希塔因（Szlomo Bursztajn）。

穿著波蘭軍裝的雷伯・布若姆什塔因（Lejb Bromsztajn）與兩名友人。

皮卡茲（貝克）家三兄弟與他們的母親。

皮卡茲一家。

耶德瓦布內的磨坊工人，伊萊・佩茨諾維奇（Eli Pecynowicz）、莫舍—大衛・佩茨諾維奇（Moshe-David Pecynowicz），以及伊恩塔・佩茨諾維奇（Yenta Pecynowicz）——伊萊的妻子。他們是皮卡茲三兄弟和涅瓦維茨基的叔叔、嬸嬸。

維克多・涅瓦維茨基的父母。母親的娘家姓氏是斯特恩，因此他在以色列改名為科哈夫（Kochav），在希伯來語中意為「星星」。

尤克・納多爾尼克（Judke Nadolnik，耶德瓦布內的三位猶太學校教師之一）與家人。年長的女兒之一後來去了巴勒斯坦，最小的女兒吉特蕾在一九四一年七月十日於耶德瓦布內廣場上被砍頭。

耶德瓦布內一位富有店主莫舍・伊布拉姆（Moshe Ibram）的女兒們。
一位拉莫托夫斯基案的證人提到了芮德・伊布拉姆被殺害的場景。

耶德瓦布內的一位店主麗芙卡・霍維奇（Rywka Hurwicz）與她的孩子。她的兒子莫舍後來去了巴勒斯坦。

阿特瓦維奇（Atłasowicz）一家

亞伯拉罕・什雷派克(Abraham Szlepak)一家。什雷派克是耶德瓦布內的祭祀屠宰師(sochet)。他娶了弗盧姆卡・佩茨諾維奇(Frumka Pecynowicz),與皮卡茲家族有姻親關係,他們生了九個孩子。

瑪爾卡・霍維奇（Malka Hurwicz）與她的丈夫和孩子。

耶德瓦布內屠宰師伊茲哈克・阿特拉斯（Itzhak Atlas）的兩個女兒。

布若姆什塔因（Bromsztajn）一家。老布若姆什塔因是一位油漆工，見多識廣。他是耶德瓦布內名為「青年社」（Hevra Bakhurim）的研究室領導人。雷伯・布若姆什塔因還穿著波蘭出現在另一張照片裡。

耶德瓦布內的另一位猶太學校教師伊扎克・亞當斯基（Itzhak Adamski）與家人。其中一個女兒後來去了巴勒斯坦。

右：尤卡・埃貝什塔因－皮卡茲（Judka Ebersztajn-Piekarz）與家人。

漢娜・達諾夫斯卡（Hanah Danowska），耶德瓦布內一位猶太學校教師的女兒及其丈夫賈巴爾斯基（Garbarski，來自沃姆扎）、女兒約什帕（Joshpa）。

雅科夫・桑德・圖爾貝格（Jaakov Sender Turberg）與妻子薩拉。

耶德瓦布內公共學校的一個猶太班級及他們的老師——謝梅胡夫納（Szemerówna）和普茹尼克（Prdróżnik）。

耶德瓦布內的哈魯茲（Halutz）組織，一九二二年。

耶德瓦布內的猶太復國主義組織，一九三〇年。

耶德瓦布內的哈魯茲組織，一九三〇年。

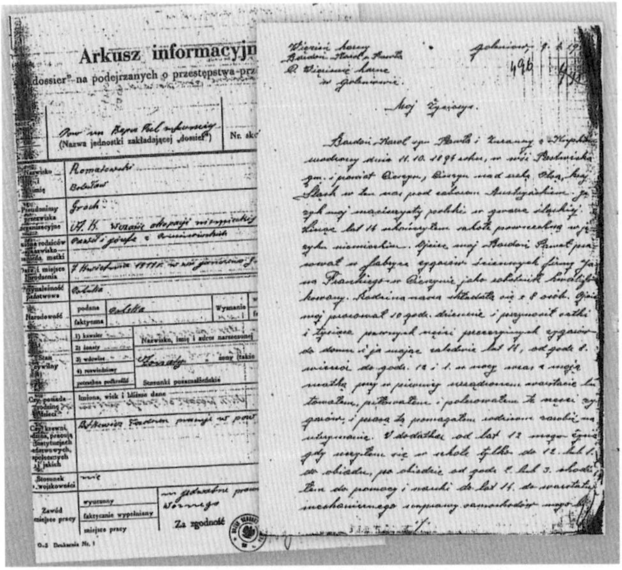

庭審檔案、調查協定，以及耶德瓦布內屠殺案罪犯的豁免請願書；均為本書的主要參考資料來源。

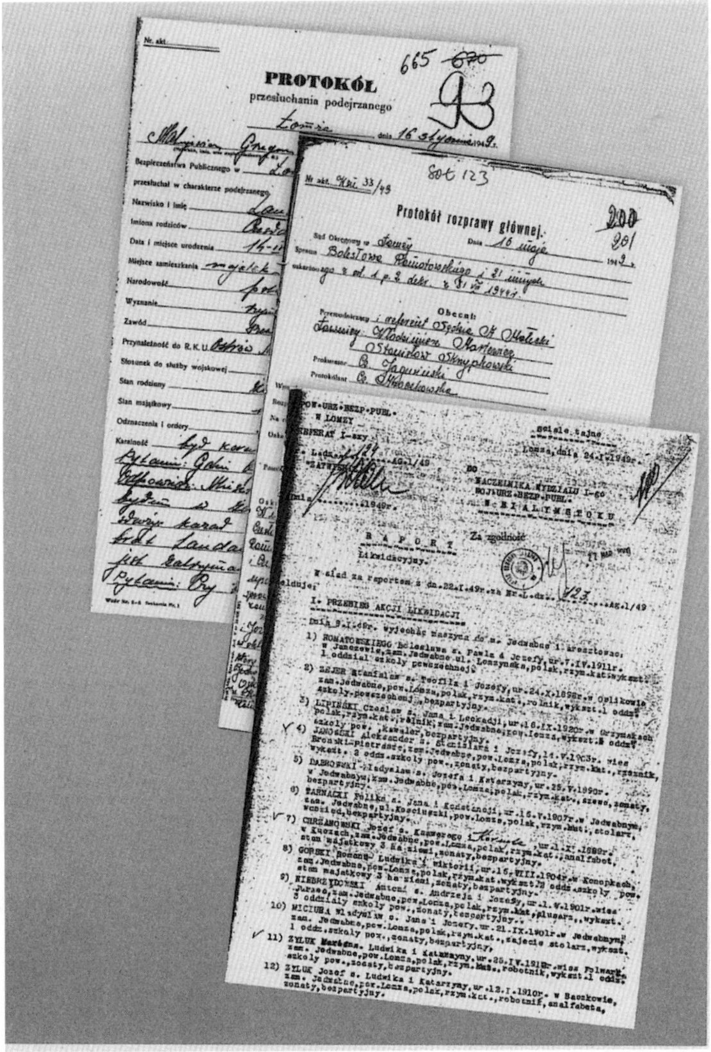
PROTOKÓŁ
przesłuchania podejrzanego
Protokół rozprawy głównej.
Obecni:
POW. URZ. BEZP. PUBL.
W ŁOMŻY
Ściśle tajne
RAPORT
Likwidacyjny.
I. PRZEBIEG AKCJI LIKWIDACJI

集體責任

Collective Responsibility

從本質上來看，納粹構想出的猶太民族清洗計畫始終是個謎，但人們對於「最終解決方案」（Final Solution）[1]的機制已經有了不少認識。其中之一就是德國特別行動隊、德國警察支隊，以及曾執行「最終解決方案」的公職人員，都沒有強迫當地民眾直接參與謀殺猶太人。不過，血腥的集體迫害不僅被容許，甚至有時還受到鼓勵，尤其是在蘇德開戰之後——納粹德國國家安全部部長萊因哈特·海德里希（Reinhard Heydrich）下達了一道特殊指令，加劇並惡化現況。[2]同時間，也頒布了許多關於猶太人的禁令。例如在德占波蘭，人們不得幫助德軍指定猶太區之外的猶太人，違者可處以死刑。儘管仍有一些虐待狂，尤其是在集中營裡，他們會強迫囚犯互相殘殺，但總的來說，沒有人是被迫殺害猶太人的。換言之，**所謂「被捲入猶太大屠殺的當地民眾」，都是出於自願行事**。

如果說在猶太民族的集體記憶中，波蘭人殺害猶太人並非迫於無奈，而是自願的印象已經根深蒂固，那麼猶太人必然認為，波蘭人該為此付出相應的代價。一名身穿制服的劊子手在執行任務時，終歸是一名國家公務員，人們甚至會假定公務員對自己所服從的命令是持保留態度或是不認可的；然而，對於一個自願殺害另一個人的普通民眾而言卻非如此——毫無疑問，就是一名殺人犯。

二戰期間，波蘭人在與猶太人的頻繁互動中不斷傷害他們，這不僅僅是指人們記憶中的屠殺。今日波蘭最傑出的文學評論家之一——米哈烏・格沃維恩斯基（Michał Głowiński）令人震撼的回憶錄中有一篇自傳性散文〈甜點店裡逝去的十五分鐘〉，文中描述的婦女是一個很好的範例。德國入侵波蘭時期，格沃維恩斯基還是個小男孩。有一天，他的姑姑把他獨自留在華沙的一家小咖啡館裡十五分鐘；她哄他坐好，享用桌上的點心，她要去外面打電

1. 譯注：指納粹對猶太人的大規模屠殺，也泛指種族滅絕行動。
2. Richard Breitman, *The Architect of Genocide: Himmler and the Final Solution*（New York: Alfred Knopf, 1991）, pp. 171-173.

話。姑姑一離開咖啡館，年輕的猶太男孩就成了眾矢之的，所有人都對他投去嚴峻的目光，一群婦女上前不斷質問他。[3]這則軼事與耶德瓦布內事件之間，可以想像出波蘭人和猶太人間的所有交集，儘管場合、背景不同，但它們有一個共同特點：都隱含著對猶太人而言致命的敵意與可怕後果。

我們在反思一個時代時，絕不能將責任推卸給群體。我們要有足夠清醒的頭腦，才能記住要為每一起殺戮負責的只是某一個或某一群特定凶手。但究竟是什麼原因使整個民族（例如「德國人」一詞所代表的群體）犯下罪行？或者，這些暴行會被暫時、甚至徹底遺忘？一個民族難道真的可以從遺產中挑選自己喜歡的、符合身分的，並宣布其為唯一的傳統或歷史？還是說恰恰相反：假若人與人之間果真有精神羈絆（我能想到的是某種扎根於世代共通歷史經驗的民族自豪感），人們難道不該為這樣一個「想像的共同體」成員所犯下的罪行負起責任？今天，一名德國青年在思考身為德國人這個身分時，他能否忽略自己的國家在那十二年間（一九三三—一九四五）的所作

3.「瑪利亞得去打個電話。我們走進一家小甜點店，因為她覺得店裡會有電話。事實上那家店裡沒有電話。於是，瑪利亞決定把我留在店裡一會兒。她為我選了一塊甜點，挑了一張陰暗角落裡最不顯眼的座位，說打完電話就回來。她對送甜點來的服務生也說了同樣的話，毫無疑問那人是老闆……我吃著甜點，並不在意一旁的女人（店裡沒有男人）聊些什麼。可是慢慢地，我無法不去注意，她們如同炸開的鍋子，毋庸置疑，我，是眾人矚目的焦點。這些女人（有服務生，也有顧客）圍著老闆交頭接耳，同時刻意地瞟向我。作為一名四處躲藏的猶太孩童，我已經習慣了這種事，卻也立刻明白了這意味著什麼，預示著什麼……

「我時刻都能感受到她們緊緊的目光……那些女人死盯著我，彷彿我是一隻可怕的怪獸，我的存在違背了自然的法則；彷彿她們馬上要決定怎麼處置我，因為不能就這麼放任我的存在……我聽見她們說：『一個猶太人，絕對不會錯，一個猶太人』……『她肯定不是，但他──一個猶太人』……『她讓他混在我們之中』……女人們正仔細思考如何處置我。老闆打開通往裡邊的門，再往裡走應該是廚房，然後呼喚：『赫拉、赫拉，快過來看看。』過了一會兒，赫拉出現了，她穿著沾滿麵粉的圍裙，顯然剛剛正忙著揉麵糰。女人們等待赫拉的評斷，顯然她們很期待她的看法。可能她在這家小甜點店的圈子中許多事上都是權威，甚至可能是個種族問題專家……無論如何，對我來說這裡已不再平靜，而審視我的眼睛又多了一雙……

「不可否認，一分一秒過去，我的處境越發糟糕。女人已不滿足於只從遠處觀察我……也許她們想要確認，想要一個能幫助她們下定決心（很可能她們已經達成了）的評價，因為我聽見其中一人說：『我們得報警。』」

「討論是否報警顯然激起了這群女人的好奇心，她們慢慢走近我。接著，開始盤問我。第一個女人問了我的姓名。我有偽造的身分證件，我也熟記自己偽造的身分──我彬彬有禮地回答了；另一個女人則是好奇我和帶我來這裡的女人的關係──我也回答了；不過這次說的是實話……她們的問題鋪天蓋地朝我襲來：你父母是做什麼的？從哪裡來？最近去過哪裡？接下來要去哪裡？她們努力以溫和的口氣發問，有時甚至異常溫柔。然而，她們的偽善語調騙不過我，要聽出語調背後隱藏的怒氣和攻擊性其實並不難。她們假裝對孩童般說話，但轉眼間又露出對一名

所為？

人們在建構民族身分的過程中，無可避免會做出選擇（一個人不可能將「所有事」都刻入自我形象中，因為沒有人知道「所有事」。況且不論處在何種情況下，就算出發點是良善的，要回憶一切也是不可能的），但由此——為了保持**真實**——而生的「集體認同」（collective identity）的疆界，也必須永遠保持開放狀態。任何人在任何時間都應該有權利挑戰這種認同的結構及界線，並有權質問某起事件或一系列的事件，以至祖先歷史中的一個時代如何融入民族「自我形象」的過程。

通常來說，「集體認同」來自一些驚人或異乎尋常的事件。換句話說，「集體認同」是由超越常規的異常行為所構建起來的。它們可能只是個別行為，是某個弗萊德里克，某個簡或某個米科瓦耶……某個確實參與了事件的人；作為「集體認同」的組成之一，他們也都屬於那個集體中的「我們」。因此波蘭音樂理所當然會為「我們的」蕭邦驕傲；波蘭科學為「我們的」哥白尼驕傲：波蘭認為自己是「基督教的堡壘」（przedmurze chrześcijaństwa），很大程度上也是因為揚三世．索別斯基國王[4]在鄰近維也納的一場重要戰役中打敗了土耳其人。因此，我們更有理由發問：像勞丹斯基和卡羅拉克這樣

被告甚至是罪犯的口氣。事情已過去多年，如今我不認為她們的舉措僅是出於單純的怨恨；相反地，她們是對憑空出現在面前的『問題』感到恐懼，因為她們必須去做任何能解決問題的行動——不惜一切手段和代價……」

「女人們問了我各種各樣的問題，而我已不再回應，只是偶爾嘟囔著『是』或『不是』……但我聽到的不只是問題，還有她們的輕聲評論，彷彿說給自己聽似的，但話語仍然鑽入了我的耳朵。她們最常說的具威脅性的詞彙就是『猶太人』，但更可怕的是她們不斷重複一個句子：『我們得報警。』我很清楚，報警等同宣判我的死刑……女人們並沒有被無法控制的憎恨支配……這是一群正常、平凡，以她們自己的方式保持機敏和體面的婦女；她們吃苦耐勞，毫無疑問地也曾在戰時的艱難歲月中努力照顧家人。我也不否認，她們可能是模範母親或妻子，可能非常虔誠、德行出眾。她們發現自己的處境可能會引來麻煩和威脅，因此想正面對決。儘管她們沒有想過，直接迎向這種境況將付出怎樣的代價——或許這超出了她們的想像範圍。儘管她們肯定知道若真的『報警』，事情將如何收場。又或許只是因為這從不在她們的道德思考範圍之中。」

（Michał Głowiński, "Kwardans sp dzonyw cukierni," in *Czarne Sezony*〔Warsaw: Open, 1998〕, pp. 93-95; translated by Marci Shore）

---

4. 譯注：揚三世．索別斯基（Jan III Sobieski, 1629 ~ 1696），波蘭立陶宛聯邦最後一個強有力的國王（1674 1696年在位）。他在大洪水時代為拯救波蘭而奮起，一六八三年於維也納戰勝鄂圖曼帝國被稱為「波蘭之獅」。

的惡人所犯下的暴行（也同樣是驚人且不尋常的事），是否也成為了建構波蘭「集體認同」的力量？

顯而易見地，我的問題是個反問句。因為我們很清楚，如此大規模的屠殺行動將在長遠的時間裡影響共同體內的所有人。最好的例子就是刊於波蘭流通量最高的日報之一——《選舉報》（*Gazeta Wyborcza*）上一篇文章引發的熱烈討論。作者在文中談到一九四四年「華沙起義」（Warsaw Uprising）期間，若干猶太人遭到一支波蘭家鄉軍支隊殺害事件。[5]公眾反應十分激烈，文章刊載後，讀者來信如雪片般飛往編輯部——這足以說明，一群毫無良知的年輕人所犯下的惡行，直至半世紀後仍然深刻地影響著波蘭人。那麼耶德瓦布內發生的屠殺又會造成怎樣的影響？它可是完全超出了人們先前對於戰時波蘭—猶太關係陰暗面的所有想像。

5. Michał Cichy, "Polacy-ydzi: czarne karty Powstania Warszawskiego," Gazeta Wyborcza, January 29-30, 1994.

對資訊碎片的新詮釋

New Approach to Sources

以一九四一年夏天發生在耶德瓦布內的大屠殺為起點，重新開啟了二戰期間波蘭—猶太關係的史學。半世紀以來，歷史學家和記者們對此事件所下的鎮靜劑般的論點——戰時在波蘭殺害猶太人的是德國人，如今必然不可繼續相信了。過去，德軍在執行一些毛骨悚然的任務時，偶爾會得到「輔警」的協助。輔警的主要成員來自拉脫維亞人、烏克蘭人或卡爾梅克人（Kalmuk），當然還有那些眾所周知的墮落傢伙——即專門勒索想逃亡或藏身的猶太人的「敲詐者」。所有人齊聲譴責他們犯下惡行卻輕易就逃脫了責任；部分歷史學家和記者宣稱這些人是罪魁禍首，是社會中的「邊緣人」，並指出他們已受到地下法庭的制裁——如此輕易地為各種罪行結了案。[1]

然而在耶德瓦布內事件之後，人們再也無法用虛偽的說詞來敷衍戰時波蘭—猶太關係的問題。的確，我們必須重新思考的不只是戰時歷史，還有戰後的；也應重新評估一些已被廣泛接受的重要議題與結論：包括當時人們的態度、官方制度，以及對結果的詮釋。

首先，我認為應該改變對該時期文獻資料的詮釋方法。分析倖存者的證詞時，在評估所提出證據的立論前提，應該從一種先驗的批判轉為本能性的肯定。**在發現某份證詞具說服力的反證之前**，應承認其內容為事實；只有透

1. 一九八七年，傑出的文學學者楊．布翁斯基（Jan Błoński）發表了一篇令人深思的散文，題為〈可憐的波蘭人望著猶太區〉（影射切斯瓦夫．米沃什〔Czesław Miłosz〕的詩歌〈可憐的基督徒望著猶太區〉）。布翁斯基在文中認為，波蘭人對於猶太人所遭遇的種族清洗應承擔起責任。但他特別指出一點，即他公開否認波蘭人曾參與種族清洗的暴行。他寫道：「一個人可以在不參與一樁罪行的情況下對其負有責任。我們對其負有責任，是因為我們退縮不前，我們沒有做出足夠的努力來制止悲劇發生。」這篇文章發表於歷史悠久的天主教週刊《普世週刊》（*Tygodnik Powszechny*），一經刊登就收到了來自讀者雪片般的抗議信，因此週刊編輯部不得不刊登了一位知名律師的來函〈對楊．布翁斯基的回應〉。該律師曾在多起政治案件審判中為反對黨人士辯護，並曾在一九五〇年代遭蘇聯法庭判處死刑。他感到自己在此情況下有義務捍衛同胞的「好名聲」，他認為布翁斯基在文中給波蘭人貼上了集體標籤。楊．布翁斯基和瓦迪斯瓦夫．西瓦—諾維奇（WładysławSiła-Nowicki，即前述的律師）的文章、《普世週刊》之後陸續刊登的一些回應布翁斯基的文章，以及一年後在耶路撒冷一場會議上展開關於此事的討論，都被收錄進一本英語文集：*"My Brother's Keeper?" Recent Polish Debates on the Holocaust, ed. Antony Polonsky*（London: Routledge, 1990）。

過這種方式，才能避免在採用相反的方法詮釋資料時可能犯下的錯誤。所謂「相反的方法」，指的是**為證詞內容找到中立的第三方確認之前**，始終對其抱著謹慎的懷疑主義態度。災難愈深重，倖存者愈稀少。我們必須去傾聽來自深淵的孤獨聲音，例如在耶德瓦布內猶太人紀念冊出版之前，瓦瑟什塔因提供的證詞，或者是芬克什塔因關於拉茲沃夫猶太大屠殺的證詞。

在某種程度上，我是根據自身經驗來提出觀點。正如我在本書開頭所說的，我花了四年時間嘗試理解瓦瑟什塔因在證詞中想傳達的訊息。我們可以從兩個面向得出相同的結論：其一，找到反證之前，應該承認猶太人遭受當地民眾暴行的證詞為真；另一方面，波蘭史學研究中對波蘭裔族群參與殺害波蘭猶太人隻字未提，故結論已不言自明。有大量文獻檔案可以證明，證詞的研究極為重要。光是在華沙的猶太歷史研究院就能找到超過七萬份證詞！——都是戰後立即向大屠殺倖存者蒐集而來的，它們提供了大量證據，證明波蘭人相互勾結密謀，參與殺害猶太鄰人。這些證詞得來不易，基本上只來自那些帶著「令人難以置信」的故事活下來的證人——一如瓦瑟什塔因和芬克什塔因。因此我極力主張放下我們的懷疑。

然而，如此迫切需要改變詮釋資料的方法，歸根究柢並不是因為我們（作為研究該時期的史家群體）欠缺專業技能。事實上，關於這起屠殺事件的所有證據都有一個內在特徵，方法論上的規則應該以此特徵為基礎而生。

我們——透過證人的證詞——所理解的大屠殺，在納粹治下猶太人的遭遇裡並不具有代表性。我們所了解到的都是一些「有偏差」、「有傾向性」的證據，這些故事通常有著較圓滿的結局。畢竟說故事的人都極幸運地活了下來。即便是最終未能倖存的證人做出的陳述也是如此，這些陳述因證人的死亡中斷，而證人留下的往往只是他們願意開口的部分。歷史學家所能掌握的素材，只有敘述者生前說過、寫下的事。然而，關於「黑暗之心」（即他們經歷中最核心事件）、關於背叛、關於戰前超過九成波蘭猶太人遭受的苦難……這些歷史細節已永遠無法得知了。

這就是為何我們必須逐字逐句地分析能利用的所有資訊碎片，因為相較於現有的、基於倖存者提供的證據而對大屠殺的描述與解釋，真正發生在猶太群體的悲劇只會有過之而無不及。

有可能同時成為
受害者和加害者嗎？

Is It Possible to Be Simultaneously

a Victim and a Victimizer?

在所有社會中，戰爭都是一種創造神話的經歷。然而在東歐、中歐和南歐，戰爭卻成為一則則鮮明而令人戰慄的可怕故事。二戰期間，波蘭社會在戰後的自我認同受到集體國族的殉道史記憶（確切來說是一些符號）影響深遠。[1]每座城鎮都有紀念屠殺受害者的聖地；每個家族都流傳著關於處決、監禁和流放的恐怖傳說。我們該如何將波蘭—猶太關係的歷史嵌回這幅圖景中？畢竟，耶德瓦布內事件不是一個獨立的事件——儘管它可能是所有波蘭人殘殺猶太人事件中最極端的案例之一（人們一定希望它就是最極端的，**沒有例外**）。在此可以提出一個問題：一個擁有獨特集體認同的群體，有可能同時成為受害者和加害者嗎？

在後現代社會中，答案就變得很簡單：當然可能。不僅如此，關於二戰時期集體經驗的討論，早已有了類似的答案。當同盟國最終攻下德國，「發現」了集中營，然後對抗容任納粹暴行的德國人，成為「去納粹化運動」（denazification campaign）的一部分。而德國輿論做出的回應則出人意料：「可憐的德國」（Armes Deutschland、Poor Germany）。[2] 這就是戰時德國人的罪行對德國社會產生的「回音」：全世界因為納粹而痛恨我們。德國人之間也因而孕生出一股「受害意識」（victimization），而在某種意義上，這種心態能減輕對發動戰爭和造成無數受難者苦痛的責任。

但是，反復討論這種矛盾心態，常會引起激烈衝突和辯論。為了解釋這一點，我想先談談一場在德國持續很長時間的公共論戰，論戰始於一場猶太大屠殺中德意志國防軍的攝影展，展覽由漢堡社會研究所（Hamburg Institute

---

1. 參見拙作“A TangledWeb,” in Deák, Gross, and Judt, *The Politics of Retribution in Europe*。
2. Atina Grossman, “Trauma, Memory, and Motherhood: Germans and Jewish Displaced Persons in Post-Nazi Germany, 1945-1949,” *Archiv für Sozialgeschichte* 38（1998）: 215-239。還可以參考此書序章“Introduction: Different Voices on ‘Armes Deutschland,’” pp. 215-217。也可見漢娜．鄂蘭早期的一篇文章：Hannah Arendt, “The Aftermath of Nazi Rule,” *Commentary*, October 1950, pp. 342-353。德國人普遍懷有「受害意識」的理由還包括：德國境內普遍而反復發生蘇聯紅軍強姦德國婦女事件；以及來自東普魯士、西里西亞和蘇台德地區（the Sudetenland）的難民和受驅逐者的經歷。見 Norman Naimark, *The Russians in Germany: A History of the Soviet Zone of Occupation, 1945-1949*（Cambridge: Harvard University Press, Belknap Press, 1995）。

for Social Research）主辦。由於適齡的德國男性都應服役於國防軍，而（根據目前社會共識）這支軍隊並不應該參與屠殺猶太人的暴行。不過顯然地，德國歷史學家都知道這支軍隊曾參與暴行，並在研究和著作中如實記錄下來；可是，廣大的德國民眾尚未做足接受歷史的準備，更不用說這件事徹底顛覆了他們的既有認知。相較之下，波蘭人接受人對於自己的二戰受害者身分深信不疑，「受害意識」早已根深蒂固。在這種情況下，他們能坦然接受波蘭人也該為戰時暴行負起責任的事實嗎？

戰後身處難民營（displaced persons camp）的猶太人——據我們所知，一九四五年後多達二十萬猶太人逃離波蘭，大部分進了難民營——曾說永遠不會原諒德國人對猶太人做的事。而同樣的模式是否也適用於解釋戰後波蘭的反猶情結？或許這種解釋會比史達林時代著名猶太裔共產主義領袖（以雅各·伯曼〔Jakub Berman〕和希拉蕊·閔克〔Hilary Minc〕為首[3]，一般認為，他們的惡行導致了波蘭人對猶太人的負面態度）的事蹟，更具說服力？

戰後，波蘭民眾對猶太人的反感迅速蔓延，同時充滿攻擊性。但這種冷酷與抽離，是否源自盛行於波蘭國內的一種戰後政治情勢分析？我們難以證明，也不能以過於感傷的回憶錄內容，或任一主觀視角及評論作為判斷基礎。在此讓我們思考一個社會現象：罷工行動。多數民眾為了表明信仰，會自發地參與這種持久且具危險性的政治示威。

優秀的研究著作《波蘭罷工：一九四五—一九四八》（*Workers' Strikes in Poland in the Years 1945-1948*）出版於一九九九年[4]，作者卡明斯基（Łukasz Kamiński）是一位年輕的歷史學家。

---

3. 如需了解「老共產黨人」的詳細介紹，尤其是雅各．伯曼（1901-1984）和希拉蕊．閔克（1905-1974），見Teresa Torańska, *Oni: Stalin's Polish Puppets*（London: Collins Harvill, 1987）。伯曼和閔克二人出身猶太家庭，戰時身處蘇聯，並在共產黨機關升遷為高級領導。一九四〇年代晚期、五〇年代初期，兩人均任職於波蘭共產黨政治局，伯曼司掌安全機關，閔克負責社會經濟控制。

4. Łukasz Kamiński, *Strajki robotnicze w Polsce w latach 1945-1948*（Wrocław: GAIT Wydawnictwo s.c., 1999）.

一位勤奮的學者接觸所有與研究主題有關的資料後，就能寫出這樣的精采作品。書中巨細靡遺記載著戰後席捲波蘭工人的抗議浪潮。同時期的波蘭爆發了許多抗議活動。共產黨當局不斷削弱社會自治和政治機關勢力，包括工會和有悠久傳統的大型政黨，例如茹瓦夫斯基（Zygmunt Żuławski）領導的波蘭社會黨（PPS）和米科瓦伊奇克（Stanisław Mikołajczyk）、梅日瓦（Stanisław Mierzwa）及克日邦斯基（Stefan Korboński）領導的波蘭農民黨（PSL）。及至一九四八年，波蘭的自治機關已大致整併完成——併入共產黨支援組織或遭永久查禁，相關領導人都遭拘捕流放或迫於壓力噤聲。事實證明，波蘭的工人階級在這段期間放下手中工具，為了自身的溫飽。持續罷工示威，只有一次例外——為了抗議波蘭媒體刊載凱爾采猶太屠殺案的聯名譴責聲明。這起大屠殺發生於一九四六年七月四日，一名波蘭暴徒在一天之內殺害了凱爾采的四十二名猶太人。[5]

乍看之下，很難理解這起罷工事件。我在此簡單地引用一段卡明斯基的話：

〔一九四六年〕七月十日，羅茲（Łódź）的工廠紛紛召開會議，目的是譴責凱爾采猶太屠殺事件的罪犯。人們不情願地在公開譴責聲明上簽下了自己的名字，而聲明隨即在第二天刊載於各大報。沒多久，罷工就開始了。首先罷工的是羅茲線廠的工人，緊接著是舍布勒（Scheibler）和格羅曼（Grohman）工廠的工人，之後布勒（Buhle）、齊麥曼（Zimmerman）、瓦日塔（Warta）、坦波—拉斯科（Tempo Rasik）、霍弗裡赫特（Hofrichter）、甘佩（Gampe）、阿爾布萊克特（Albrecht）、古特曼（Gutman）、迪澤爾（Dietzel）、拉德茲耶夫斯基（Radziejewski）、維雅赫（Wejrach）、金德曼（Kinderman）、沃岑卡（Wólczanka）工廠，以及兩家切割坊的工人也加

5. 本書〈時代錯誤〉一章注釋4有關於凱爾采大屠殺的簡短紀錄。

入了罷工陣容。一開始，工人們要求報紙更正刊載的聲明書；隨後要求釋放受譴責的罪犯（根據庭審記錄，十四人在這起案件中獲判死刑）。抗議過程騷動不斷；若是有人提議復工，就會被施以暴力……不過，波蘭民眾對於工人們的反應並不意外。愈來愈多工人拒絕對譴責屠殺案罪犯一事投票表決。在盧布林（Lublin）召開的一千五百名鐵路工人的大型集會中，許多人叫嚷著「打倒猶太人」、「真可恥，他們竟然維護猶太人」、「貝魯特（時任波蘭總統）絕不敢判他們死刑」、「維爾諾（Wilno）和羅夫（Lwów）必須是我們的土地」。[6]

那些年裡，抗議共產黨管制波蘭的聲音此處彼落，但顯然不是凱爾采屠殺後波蘭人掀起罷工潮的根本原因。如果只是為了抗議存在於想像中的「猶太教公社」（Judeo-commune）而罷工，似乎毫無道理；但如果視為波蘭人極度挫敗的展現，就很容易理解了——波蘭人再也不能從猶太人的「魔爪」下保護無辜的天主教孩童。事實上，這種荒誕的抱怨確實存在，證詞來自於一名克拉科夫屠殺案中受傷的猶太婦女，她在前往醫院途中無意間聽見：

> 我在救護車裡，聽到軍人和醫務員正在談論我們，他們稱我們為「猶太渣滓」。他們說不得不救我們，但不應該救，因為我們謀殺兒童，我們所有人都該被槍斃。送往科佩尼卡街上的聖拉撒路醫院之後，我是第一個被推進手術室的傷患。手術之後，一名軍人走來，他說手術結束後就要把所有猶太人都關進牢裡。他還毆打一名候診的猶太傷者。之後，他高舉手上的槍，惡狠狠地看守我們，不許我們喝一口水。沒多久，兩名鐵路局工人來了，其中一個說：「波蘭人要是連揍一個手無縛雞之力的傢伙都畏畏縮縮，絕對會被人恥笑」，他一說完就痛毆一旁受傷的猶太人；另一間醫院的病患還用拐杖

6. Kamiński, *Strajki robotnicze w Polsce w latach 1945-1948*, p. 46.

打我。其他女人，包括醫療人員，都站在門旁作勢威脅，她們說等手術結束之後就要把我們五馬分屍。[7]

換言之，戰後波蘭的反猶聲勢日益高漲，甚至早於國內共產勢力的崛起。從中世紀猶太教祭祀謀殺的成見開始，「反猶」已深植於波蘭人內心；到了戰後，又結合了波蘭人的戰爭經驗。

為什麼維日考夫斯基一家當初非逃離自己的家園不可？「赫謝爾，你還活著？」——當赫謝爾．皮卡茲（Hershel Piekarz）走出樹林的藏身處時，聽到有人用懷疑和輕蔑的語氣質問他。[8]同樣地，波蘭人們的反應並非因為相信傳說中的「猶太教公社」，也並非對蘇聯援助的共產黨（得到猶太人的支持）感到憤怒。赫謝爾．皮卡茲以及其他從戰爭中倖存下來的猶太人；維日考夫斯基一家以及其他曾冒著生命危險藏匿猶太人的英勇波蘭人，他們在戰後都不得不繼續對鄰人掩飾這些事——他們遭人痛恨、懼怕，並非因為人們視其為共產黨，這一切只在於他們是波蘭人對猶太人犯下罪行的目擊者。他們的存在意味著，許多人逃過罪行並繼續受其所庇蔭；他們的存在就是一種譴責，一種潛在的警訊，尖銳而深刻，持續探問著人們的良知所在。

7. 轉引自 Gross, "A Tangled Web," in Deák, Gross, and Judt, *The Politics of Retribution in Europe*, p. 111。
8. *Yedwabne*, p. 98.

通敵

Collaboration

通敵，是一個經典的戰時主題。然而在研究該時期的波蘭史學中，這個主題卻是一片空白。[1]一九四一年六月，希特勒運用閃電戰對抗蘇聯紅軍時，德軍獲得前波蘭領地（蘇聯於一九三九年占領該區）的居民如「解放軍」般的熱烈歡迎！地下波蘭家鄉軍的指揮官，格洛特—洛維奇將軍（Grot-Rowecki）在一九四一年七月八日派遣一個支隊前往倫敦，將波蘭東線邊境地區（Kresy Wschodnie）人民友好招待德軍一事通報流亡中的波蘭政府。[2]「德國人攻打蘇軍時，」比亞維斯托克的農民表示，「蘇占地區的波蘭民眾熱烈擁抱德軍，卻沒有意識到後者其實是波蘭最大的敵人。許多小鎮上，人們甚至手捧鮮花獻給德軍……一個鎮民的妹妹當時剛從比亞維斯托克返家，她也告訴我們，波蘭人彷彿將德軍視為救世主……。」另一個比亞維斯托克居民的回憶也證實這點：「人們談論蘇德間即將爆發的戰爭，他們都極其渴望這場戰爭，希望德軍趕走蘇聯，我們就不會再被驅逐出境，可以留在自己的家園……最終，一九四一年六月德蘇戰爭爆發，幾天後蘇聯投降。人們欣喜若狂，因為再也不用害怕會遭驅逐去蘇聯；人們遇到許久未見的親友時，第一句話都是：『他們再也不能趕走我們了。』蘇聯撤退當天，相鄰教區的神父正好路過鎮上，神父對每個路過的鎮民說：『他們再也不能趕走我們了。』將大批波蘭人放逐蘇聯，恐怕是蘇聯人犯的一大錯誤；正是此舉，導致波蘭人對他們的恨意日漸加深。」[3]

的確，等到一九四一年六月、七月，超過一半的戰前波蘭領土從布爾什維克統治下解放了，當地民眾——當然，除了猶太人——都熱烈迎接德國國

1. 如需進一步了解「通敵」概念之應用語境簡史，可見拙作 "Social History of War and Occupation in Europe," in Deák, Gross, and Judt, *The Politics of Retribution in Europe*, pp. 23-32。
2. Krystyna Kersten, *Narodzinysy stemu władzy.* Polska 1943-1948（Pary: Libella, 1986）, p. 172.
3. 這兩段引述都來自一九四八年一場回憶錄寫作競賽的投稿文章，該競賽由波蘭讀者出版社主辦，他們邀請讀者來稿講述二戰十年間所居住小鎮裡的故事。二十五年後，所有的投稿文章集結成四卷出版：*Wieś polska 1939-1948, materiały konkursowe*, ed. Krystyna Kersten and Tomasz Szarota（Warsaw: PWN, 1971）。我所引用的兩個片段遭波蘭國家審查局（Censors' Office）刪除，因此沒有出現在書中。我透過該書編輯托馬什．沙羅塔教授讀到了未刪節版的投稿文章。一九四五年之後，沙羅塔教授在波蘭科學院擔任波蘭歷史實驗室主任，前述資料就藏於該科室。我非常感謝他提供的幫助。

防軍（表示他們已承認解放的事實）。波蘭人迅速建立起與德軍合作的行政機關，並參與以「猶太人和共產黨人」為直接目標的「滅絕戰爭」。[4]拉莫托夫斯基及其共犯之所以受審，就是因為「他們為德國謀利」。

我們面臨了連社會心理學家也極感興趣的議題：此時期的兩個歷史片段和集體記憶的重疊部分。波蘭曾兩度由他國占領——一九三九年的蘇聯紅軍，以及一九四一年德國國防軍，在現有的史料中，兩段占領經驗在波蘭人記憶中相互交纏。簡單來說，所謂的猶太人熱烈回應蘇聯紅軍，根本不是普遍的現象；縱觀一九三九至四一年間猶太人與蘇軍之間的協作，我們並不能從中得出這是專屬猶太群體行為的結論。[5]另一方面，當地的非猶太民眾卻在一九四一年熱烈歡迎了入侵波蘭的德國國防軍，並普遍與德軍合作，甚至有屠殺猶太人的行動。

因此，當地的非猶太民眾在其口述與文字紀錄中，似乎將自己在一九四一年對待德軍的態度（這點始終是個禁忌，也從未在波蘭史學中深入探討）投射在一九三九年的猶太人身上，認為猶太人也是這般公然歡迎蘇軍。芬克什塔因在證詞中提到拉茲沃夫波蘭人接待德軍的場景，讀起來像極了廣為流傳加利西

順帶一提，一九四八年，一般民眾願意將自己的回憶性文章寄往官方機構，其坦誠和開放令人驚訝，因為這種做法完全不同於當時官方對事件遮遮掩掩的態度。前文中引述的片段摘自manuscripts no. 20（931）, p. 4, and 72（1584）, p. 5。

另一個資料來源，即是以德國國防軍於波蘭東線參與大屠殺為主題的知名攝影展圖錄（*The German Army and the Genocide*, ed. Hamburg Institute for Social Research〔NewYork: The New Press, 1999〕, p. 81），我們可以在其中找到一張漂亮的照片，照片中一名騎著摩托車的德國軍官，他的周圍環繞著許多微笑的年輕女子，她們帶了食物和飲料給他。照片的說明文字這麼寫的：「烏克蘭女人提供點心。」這個畫面和蘇維埃政府力圖描繪的場景非常相似，他們曾試圖用圖畫和照片表達一九三九年九月蘇聯紅軍「解放」這些地區時，受到當地民眾的熱情款待。關於一九四一年夏天德國國防軍在該區域行進中得到友好接待一事，魯斯．貝克曼（Ruth Beckermann）執導的紀錄片《戰爭之東》（*East of War*）中有一段饒富趣味的記錄。前文提到的攝影展巡展至維也納時，貝克曼去看展，並用攝影機錄下她在展館中採訪一些年長者的片段。這些人大多是德國國防軍的退役老兵，他們和她分享了一些有趣的故事。

4. 有一段摘自《蘇聯事件報告》第二十一號、一九四一年七月十三日條目下的文字，其中特別提到了比亞維斯托克的情況：「『滅絕戰』一直在繼續，隨著時間推移，聲勢卻並未減弱。波蘭民眾非常配合且支持德軍的行動，他們揭發了許多猶太裔、俄裔甚至波蘭裔的布爾什維克黨人。」（Einsatzgruppen Reports, p. 23）

5. 我針對該主題做過更全面的論述，可參見“A TangledWeb,”in Deák, Gross, and Judt, *The Politics of Retribution in Europe*。

亞猶太人在一九三九年接待布爾什維克黨人的故事。

米索雷夫表示蘇聯曾向波蘭地下組織招募祕密警察，這一點也在勞丹斯基的自傳中獲得證實。這段歷史又該怎麼解釋呢？有沒有可能是同時代下一個普遍現象的縮影？做出妥協並與專制政權合作的人們，再度成了下一個接管該區的專制政權合作者？這些人很有可能從一開始，就對新統治者及其政策表現出熱情友好的態度，以此先博取當權者的信任，以防暴露曾為前朝服務的經歷。畢竟，過去的所作所為就是他們在新時代的把柄，也是無法抹去的汙痕。且讓我重申，納粹黨，根據德國政治哲學家艾瑞克．沃格林（Eric Voegelin）的說法，是一個不斷挖掘人類邪惡本能的組織——不僅僅因為它將「烏合之眾」（rabble）拔擢到掌權的位置，更因為「對於一個普通人而言，當社會還是有序的群體，即可保持正直和文明；然而當社會的一隅開始騷動混亂，直至潰散，就會因此失控」。[6]

二戰導致蘇聯與德國各自入侵波蘭，也是波蘭首度暴露在極權主義政權的統治之下。一個飽受苦難的社會在危機紛沓而來時變得脆弱且容易動搖，並於兩度占領的集體經驗下導致極端的道德淪喪（demoralization）。我們甚至不需要參考閱歷豐富的知識分子所做的精闢分析，就能理解這些事情的本質。例如文學家卡齊米日・維卡（Kazimierz Wyka）對於戰爭影響波蘭社會的精采研究。[7]許多資料都能證明戰時盜竊和酗酒現象極為普遍，光是回憶這些就足夠了。為了進一步說明，我們再來看看一九四八年波蘭讀者出版社（Czytelnik）舉辦的一場公開「競賽」——農民們踴躍投稿自身的戰時經歷，其後由克雷斯蒂娜・克斯滕（Krystyna Kersten）與托馬什・沙羅塔（Tomasz Szarota）彙編出版《波蘭農村，一九三九－一九四八》（*Polish Countryside, 1939-1948*）一書，該書共四卷，收錄約一萬五千人的投稿。[8]那

6. Eric Voegelin, *Hitler and the Germans*（Columbia: University of Missouri Press, 1999）, p. 105.
7. KazimierzWyka, *Życie na niby Pamiętnik po klęsce*（Cracow: Wydawnictwo Literackie, 1984）.

段時期的道德崩壞程度令人震驚，其中華達維斯（Wadowice）附近一名農婦的故事告訴我們，不迫害無辜者的文明守則在當時已徹底瓦解。這個故事是一首愛與犧牲的讚詩，沒有人在此死去。前猶太家庭女僕卡洛奇婭·薩佩托娃（Karolcia Sapetowa）在猶太歷史委員會做出以下證詞：

一對猶太夫婦雇用了我，他們還有三個可愛的孩子。最小的薩米·霍赫瑟（Sammy Hochheiser）是個女孩，大家都叫她薩莉（Sally），最大的孩子叫伊茲（Izzy）。戰爭第一年，孩子們的父親就遭到殺害。所有的猶太人都被集中隔離進猶太居民區，我也因此與他們分開了。我非常想念孩子，每天帶著食物和必需品去猶太居民區，就像去看自己的孩子。之後，猶太居民區情勢愈來愈動盪，於是我把孩子們接到我的住處，直到騷亂平息。孩子們過來後也顯得舒服多了。一九四三年三月，猶太居民區遭到肅清。當時第二個男孩待在家中。我趕到猶太區，門前站滿了德國黨衛軍和烏克蘭人（即德軍的輔警，由前蘇聯公民組成，波蘭人有時會將他們統稱為「烏克蘭人」」。

人們發瘋似地四處逃竄。牽著、抱著孩子的母親們無助地聚集在大門口。突然間，我看到薩莉、伊茲和他們的母親，她也看到我了。她悄悄地在小女孩的耳邊說：「快去卡洛奇婭身邊」，薩莉想也沒想就像一隻小老鼠般穿過烏克蘭人的高筒靴擠了出來，奇蹟是那些人都沒有注意到她。她怯生生地張開雙手奔向我。我渾身因恐懼而變得僵硬。我牽著薩莉和同伴回到華達維斯附近的維塔諾維采（Witanowice）鎮上。我知道伊茲和他的母親去了集中

8. 這兩段引述來自比亞維斯托克居民訪談：「鎮上及鄰近居民在戰爭期間徹底道德淪喪。人們不再工作，嘴邊常常掛著一句新的俗語：愚蠢的人才工作，我會為了生計不擇手段〔ja będę kombinował〕。接著又釀了幾千升的烈酒。」另一名農民回憶起鄰近耶德瓦布內的克洛肖夫卡（Kroszówka）在蘇聯治下的歲月，他描述當時的鄰里關係：「嗜酒風氣在鎮上蔓延開來，隨之而來的是鬥酒、打架、搶劫。人們一旦發生爭執，或想找麻煩算舊帳，就會向當局『告發』別人，指控對方在戰前即『有政治傾向』。當局隨即會展開逮捕行動，每個人都很恐懼，不知何時禍患會降臨到自己頭上。」（Kersten and Szarota, *WieŚ polska 1939-1948, materiałykonkursowe*, pp. 125, 66）

營，之後我再也沒聽過他們的消息。生活十分艱難，但我相信，只有奇蹟救得了剩下的孩子。

一開始，兩個孩子還能在屋外玩耍，隨著戰事日漸緊張，我不得不把他們藏在家裡。但這麼做也無濟於事，當地人知道我藏匿了猶太人的孩子，恐嚇威脅從四面八方不斷湧來。他們說要把孩子交給蓋世太保，否則會讓全鎮受到牽連，德軍可能會報復，甚至燒村或屠村。幸運地，鎮長站在我這邊，帶給我很大的慰藉。為了安撫其他較激進、固執的鎮民，我也不時送禮或給他們錢。

好景不長。德軍總在附近四處巡查，鎮上的反對聲浪又起。有一天他們說：「我們必須除掉這些孩子。」他們甚至已經擬好了計畫：把孩子帶到穀倉，趁他們熟睡時，用斧頭砍掉他們的腦袋。

我像瘋了一樣四處奔走。我年邁的父親完全不知所措。該怎麼辦？我能做什麼？兩個可憐的孩子什麼都知道，睡覺前他們懇求我們：「卡洛奇婭，今天不要殺我們。不要是今天。」聽到這些話，我的心都快碎了。我下定決心，不論付出任何代價都不會放棄孩子。

最後，我想到一個絕妙的點子。我讓孩子坐上牛車，告訴所有人我要帶他們去河邊溺死。我駕車繞全鎮走了一圈，讓每個人都看到並相信我會這麼做。等到入夜之後，我又帶著孩子們回家……[9]

故事有個圓滿的結局：兩個孩子都倖存下來，薩佩托娃帶著深深的情感說，不論孩子去哪裡，她都會在一旁守護。她愛他們勝過世上的一切。而從這份愛的對立面來看，我們驚恐地意識到克拉科夫鄰近小鎮的居民，竟然在得知鄰人謀殺了兩個孩童後才如釋重負。

同時期最重要的回憶錄作家齊格蒙特・克魯考夫斯基（Zygmunt

9. ŻIH, 301/579.

Klukowski），也是扎莫希奇（Zamość）一帶什切布熱辛村（Szczebrzeszyn）的郡醫院院長，他曾詳盡描述波蘭農民對猶太人的態度，以及波蘭群體在戰時的集體道德淪喪。關於什切布熱辛的猶太屠殺，克魯考夫斯基則在著作《扎莫希奇地區占領手記》（*Dziennik z lat okupacji zamojszczyzny*）中巨細靡遺地記錄下整個過程。一九四二年十一月二十六日，他寫下這段充滿絕望的文字：「害怕被德軍報復的農民在村裡四處追捕猶太人，將他們帶去鎮上，或直接就地殺害。總的來說，人們對猶太人陷入了一種可怕的道德淪喪。他們彷彿精神錯亂，開始和德國人一樣不把猶太人當人看，更視其為病犬惡鼠、洪水猛獸，不用盡辦法剷除誓不罷休。」[10]

因此，一九四一年夏天，許多波蘭居民經由迫害猶太人的行動討好新的當權者，並從暴行中獲利（顯而易見地，積極參與的屠殺行動人能先挑選猶太受害者的財物），同時抒發了多年來對猶太人的憎恨，可謂「一舉三得」。在前述原因之外，來自納粹的煽動以及人們彼此輕易點燃的復仇情緒（例如

「猶太公社」是波蘭人在蘇占時期受辱的元凶），在在推動著波蘭人對猶太人施以暴行。太多的動機擺在眼前，誰能在如此強大、邪惡的誘惑面前無動於衷？[11]當然，有些先決條件是不可或缺的：日益殘暴化的人際關係、道德價值體系崩壞，以及德軍默許民眾的暴力。兩度占領期間，蘇、德政府都使用過這些手段和機制。不難想像，耶德瓦布內大屠殺中最積極的參與者，也是蘇聯內務人民委員部的祕密工作者（米索雷夫寫給黨委書記波波夫的報告中曾提及這些人的名字）。他們和勞丹斯基都是同一類型的人；勞丹斯基在自傳中曾一筆帶過：他在幫助德國人殘殺猶太人之前，也曾是蘇聯的間諜。

10. Klukowski, *Dziennik z lat okupacji zamojszczyzny*, p. 299.

11. 一九三九年十二月八日從蘇聯占領區寄往倫敦的一份報告：「蘇聯占領期間，猶太人不斷迫害、壓迫波蘭人和一切與波蘭有關的東西……因此波蘭人一有機會，哪怕是老幼婦孺，就會對猶太人進行凶狠的報復，這種報復是任何反猶分子都無法想像的。」（Gross, *Upiorna dekada*, p. 92）作為陳述現實，這段文字顯然有很大的錯誤；但對於日後所發生之事，無疑極具先見之明。

史達林主義的社會支持

Social Support for Stalinism

然而，時間並不會停在一九四一年。如果我們承認前文提及的「機制」在心理學和社會學上都是可信的，那麼就要面對一個有趣的假設，即一九四五至四八年，共產主義政權在波蘭執政和建立根基的過程。鑒於前文所述，我在此大膽提出以下觀點：二戰後，共產黨接管波蘭的過程中，地方的天然盟友就是德占時期通敵的人們。

許多人投身共產主義，並視其為終生志業；許多人在戰爭前後支持共產黨，來自最真實的信仰——不是因為見風轉舵，也不是因為蘇聯紅軍正駐守在波蘭的每個角落。這樣一群堅定的共產主義信徒之外，戰後的波蘭政府也同時利用另一種人的力量——掌權者最重用的要員和親信中，絕對不乏毫無原則及信仰的人。很多學者都論述過這一點。[1]

德國政治哲學家艾瑞克．沃格林（Eric Voegelin）所說的「烏合之眾」（他們在戰時波蘭為納粹做盡最髒也最累的勾當）為何無法在戰後成為史達林主義權力機器的中流砥柱？事實上，共產主義的忠實擁護者在波蘭少之又少，我認為他們才是這臺權力機器的核心，而外層就是「烏合之眾」。難道他們真的信奉堅定不移的原則而拒絕服務新主人？他們又怎會放棄參與當地（恐怖）權力機器運作時把持的特權？比起做警察、線人，難道他們更願意坐牢？當勞丹斯基寫下「我堅信，在像我一樣的人民的幫助下，我們的工人制度會更加穩定」這樣的話時，他臉龐浮現的不正是這類人的臉孔嗎？我們也可以從社會而非權力機器的角度，來思考共產主義政權的擴張過程——或許是一個更好的視角。尤其在戰時曾爆發猶太屠殺的波蘭聚落，面對蘇維埃時會顯得更加脆弱且容易動搖。如此一來，問題就很簡單了：涉及謀殺鄰人的人們，真能對剛上臺的政府做出反抗或質問？誰會相信一群殘殺

1. 讓我再引述沃格林的話：「我們的問題是，社會的各個階層，哪怕是最高位置上，都有一些無用之人……因此我建議用一個中立的詞彙『烏合之眾』來形容他們。烏合之眾是這樣一群人：他們既不是精神（spirit）領袖，也不是理性（reason）思考者，就算試圖以精神或理性指引、警醒他們，他們也沒有能力回應……我們難以理解為何社會的菁英群體由烏合之眾所組成，但它確實由烏合之眾所組成。」（*Hitler and the Germans*, p. 89）

過同胞或受指控為劊子手的人？不僅如此，如果我們曾經淪為施暴的工具，又該以何種立場反對同樣以暴力加諸於我們的人？

前述問題可以作為事實性問題，由實證分析來解決。但在目前階段，這個問題暗示著一個很有趣的假設：戰後協助蘇聯政權在波蘭扎穩根基的並不是猶太人，而是反猶主義者。這個假設顛覆了那段時期的公眾認知。畢竟，戰後波蘭的區縣、郡、鎮、城市……猶太人根本所剩無幾，為數不多的倖存者也早就逃到其他國家。[2]那麼，總得有人負責打造「人民的波蘭」（波蘭人民共和國）。正如列寧百年前的一問：「誰要為誰負責（kto kavo）？」如果僅僅因為波蘭在意識型態上的轉變，最終導致了一九六八年三月波蘭國內反猶思潮爆發[3]——當然，我不會如此徹底地駁斥該觀點：波蘭史達林主義的社會支柱並非猶太人，而是這個國家當地的流氓無產階級。

2. 關於戰後猶太倖存者從鄉間逃往城市，可參考 Gross, *Upiorna dekada*, pp. 102, 103。

3. 一九六八年所謂的「三月事件」前夕和整個期間，波蘭共產黨的活躍成員曾公然發動反猶行動，導致波蘭猶太人口遽減，大多數猶太人逃離波蘭。米奇斯瓦夫．拉科夫斯基（Mieczysław Rakowski）在著作《政治日記》中對該事件做了完整詳盡的紀錄。（*Dzienniki polityczne*, 1967-1968, Warsaw: Iskry, 1999）拉科夫斯基當時是波蘭統一工人黨中央委員會成員、蘇聯最好的時事評論週刊《政策》（*Polityka*）主編。因此他確實獲得了一九六七至六八年官方命名為「反猶太復國主義運動」事件的第一手資料。

為了一種新的史學

For a new historiography

所謂的「波蘭—猶太」戰時關係，關於此時期的史學猶如一根鬆弛的線頭，如果我們抓住並拉緊它，這塊精緻的繡毯就會全部散開。於我而言，反猶主義汙染了二十世紀波蘭歷史的每一塊版圖，它們變質成禁忌話題，引來各種解釋。這些解釋如同一塊塊遮羞布，意圖掩蓋曾發生的一切。

然而，**一個社會的歷史可以說是一部集體傳記**。正如一部傳記是由不同篇章所組成，一個社會的各種面向也串起了它的歷史。在此前提之下，當一部集體傳記中出現了一道漫天大謊，那麼它之後記錄的所有事件，也都將喪失其真實性，並時刻擔心可能揭露的真相。這種社會的成員將無法好好生活，總是狐疑地回頭張望，小心翼翼地探知旁人觀感。他們必須刻意迴避已深埋於過往的恥辱，並堅持無論何時務須「捍衛波蘭的美名」。而過程中曾遭遇的挫折苦難，必定來自敵人精心策畫的陰謀。在這些面向上，波蘭並不是歐洲國家中的唯一例外。而是和其他國家一樣，為了矯正不堪的過往，不得不自欺欺人地將歷史以自己的方式重新講述一遍。

一塊記憶碎片將重現於耶德瓦布內。那裡立著兩塊戰爭紀念碑，其上鐫刻著碑文。其中一塊碑上的碑文是一個純粹的謊言，上面寫著：「一千六百名耶德瓦布內的猶太人盡數遭納粹殺害」；另一塊口碑鑄造於一九八九年之後，其上的碑文更引人深思：「紀念一九三九至一九五六年間耶德瓦布內遭蘇聯內務人民委員部、納粹和祕密警察〔UB〕殺害者約一百八十人，其中包括兩名神父。」署名為「社會」（społeczeństwo）。如此一來，這塊紀念碑若非暗示耶德瓦布內沒有任何猶太人，就是無意中供認了戰時的罪行。殺死一千六百名耶德瓦布內猶太人的凶手，既不是蘇聯內務人民委員部，也不是納粹祕密警察。相反地，如今我們已確切知道，耶德瓦布內鎮民也都知道，正是在這座波蘭小鎮上，波蘭人謀殺了猶太人。

後記

Postscript

二〇〇〇年四月，阿格涅絲卡．阿諾德的紀錄片《我的哥哥該隱去哪了？》上映，片中收錄了她與斯萊辛斯基之女的對談片段；五月，安傑伊．卡琴斯基（Andrzej Kaczyński）為《波蘭共和報》（*Rzeczpospolita*）寫下了一系列精采的調查報導，讓耶德瓦布內猶太大屠殺事件在大眾媒體持續曝光。卡琴斯基率先在二〇〇〇年五月五日發表了第一篇相關報導〈大屠殺〉（Całopalenie），登載於《波蘭共和報》頭版；該報在波蘭全國發行量多達數十萬份；第二篇報導發表於兩週後的五月十九日。同一天，《鄰人》的波蘭文譯本首度現身華沙國際書展。

正如卡琴斯基的系列報導所證實的，耶德瓦布內鎮民都非常清楚，耶德瓦布內猶太人在二戰期間遭鄰人所殺害。這在當時和現在都是無可辯駁的史實。於是之後的數星期內，耶德瓦布內鎮長、居民、耶德瓦布內與沃姆扎天主教堂代表、華沙猶太社群代表聚集在一起開會討論，並達成了如下共識：應重新找尋戰時掩埋猶太受難者的地點，並改建為正式墓園；耶德瓦布內鎮上的紀念碑及其上碑文必須修正以忠於史實；整起事件必須重新調查並將真相公諸於世。波蘭政府成立了國族回憶研究院（Institute of National Memory），該機構有權起訴對「有害國家的犯罪行為」。二〇〇〇年八月，國家回憶研究所宣布將重啟耶德瓦布內大屠殺事件調查，並審判任何仍存活或能負刑事責任的罪犯。總而言之，我相信，我們已經來到了一個門檻前，並準備跨越它；目前在波蘭成長、從小就擁有言論及政治自由的新一代人，他們已做好充分的準備，迎向國家的真實歷史。

致謝

如果沒有紐約的雅各・貝克（Jacob Baker）拉比和華沙的安德列・帕奇考維斯基（Andrzej Paczkowski）教授的幫助，本書無法完成。我十分感謝雅各・貝克拉比允許我在書中使用他拍攝的照片，也感謝泰・羅格斯（Ty Rogers）律師幫助我與耶德瓦布內過去的居民及其後代取得聯繫。

我還要感謝對本書的寫作提供許多幫助的人們。我已在本書後記中提到他們當中大多數人。在這裡，我想特別感謝斯蒂芬妮・史泰克（Stephanie Steiker）為本書致力編輯工作及在情感上的諸多支持，也要感謝瓦萊麗・史泰克（Valerie Steiker）和瑪格達・格羅斯（Magda Gross）提出許多十分有助益的編輯意見。我要向勞倫・萊波（Lauren Lepow）表達深深的謝意，是她用高超的編輯技巧編審了本書的終稿。

我想謝謝紐約大學雷馬克研究所（Remarque Institute of New York

University）任命我為二〇〇〇年春季的研究員，使我有足夠的時間來完成書稿。研究所主任托尼·朱特（Tony Judt），以及普林斯頓大學出版社的兩位讀者馬克·馬佐爾（Mark Mazower）和安東尼·波隆斯基（Antony Polonsky）給我非常有用的評論，我很感激他們。最後，我想感謝普林斯頓大學出版社的歷史編輯布麗吉塔·凡·萊茵貝格爾（Brigitta van Rheinberg）自始至終都以出色的編輯技巧和極大的熱情審讀書稿。

我謹以《鄰人》一書紀念施姆爾·瓦瑟什塔因（Szmul Wasersztajn）。

二〇〇〇年六月寫於紐約

鄰人：面對集體憎恨、社會癱瘓的公民抉擇

Neighbors: The Destruction of the Jewish Community in Jedwabne, Poland

作　　者　楊・格羅斯（Jan T. Gross）
譯　　者　張祝馨
社　　長　陳蕙慧
主　　編　周奕君
行銷總監　李逸文
行銷企畫　張元慧
封面設計　兒日設計
內頁排版　極翔企業有限公司
社　　長　郭重興
發行人兼出版總監　曾大福
印　　務　黃禮賢、李孟儒
出　　版　木馬文化事業股份有限公司
發　　行　遠足文化事業股份有限公司
地　　址　231新北市新店區民權路108之4號8樓
電　　話　02-2218-1417　　傳　　真　02-2218-1009
Email　service@bookrep.com.tw
郵撥帳號　19588272 木馬文化事業股份有限公司
客服專線　0800221029
法律顧問　華陽國際專利商標事務所　蘇文生律師
印　　刷　前進彩藝有限公司
初　　版　2018年12月
初版二刷　2022年4月
定　　價　新臺幣380元
ISBN 978-986-359-607-3

歡迎團體訂購，另有優惠，請洽業務部02-22181417分機1124、1135

國家圖書館出版品預行編目(CIP)資料

鄰人：面對集體憎恨、社會癱瘓的公民抉擇 / 楊・格羅斯著；張祝馨譯. -- 初版. -- 新北市：木馬文化出版：遠足文化發行, 2018.12
288面；　14.8x21公分
譯　自：Neighbors : the destruction of the Jewish community in Jedwabne, Poland
ISBN 978-986-359-607-3（平裝）

1.猶太民族 2.第二次世界大戰 3.波蘭

712.847　　107017654